# "山西八大文化品牌"丛书

# 编　委　会

主　　任：胡苏平

编　　委：杨　波　李高山　李福明　郭玉福　郭　健　杜学文
　　　　　刘英魁　尹天五　胡励耘　王宇鸿　卢　昆　李广洁
　　　　　王淑敏　王舒袖　吕芮宏　武献民　渠传福　王梦辉
　　　　　梁申威　谢一兵　王招宇　谢振中

总 策 划：杜学文

丛书主编：卢　昆

丛书副主编：武献民　王梦辉　梁申威　谢一兵

图片作者：（按姓氏笔画排列）
　　　　　王　慷　王修筑　王计汝　王　军　吕雁军　朱正明
　　　　　任志明　李广洁　李　颖　佟永江　张志强　吴　杰
　　　　　杨小川　周祝英　柏学玲　郝文霞　侯　霆　饶二保
　　　　　祝振英　侯丕烈　梁　铭　韩贵福　樊文珍

照片提供：中共山西省委宣传部　中共太原市委宣传部
　　　　　中共大同市委宣传部　中共朔州市委宣传部
　　　　　中共忻州市委宣传部　中共吕梁市委宣传部
　　　　　中共晋中市委宣传部　中共阳泉市委宣传部
　　　　　中共长治市委宣传部　中共晋城市委宣传部
　　　　　中共临汾市委宣传部　中共运城市委宣传部
　　　　　山西博物院　山西省文物资料信息中心
　　　　　山西画报社

地图设计：谢一兵

本册作者：梁申威

编委会主任　胡苏平　　丛书主编　卢　昆

"山西八大文化品牌"丛书

# 黄河之魂

梁申威　著

山西出版传媒集团　山西人民出版社

# 序

山西省委常委、宣传部长　胡苏平

"山西八大文化品牌"丛书就要同大家见面了。这套丛书是应广大读者的愿望，在《山西八大文化品牌》基础上改版而成的，旨在让读者更方便地阅读、研究和使用，进而更好地发挥其作用。

党的十八大以来，党中央高度重视弘扬中华优秀传统文化。习近平总书记深刻指出，没有中华文化繁荣兴盛，就没有中华民族伟大复兴。要求系统梳理传统文化资源，让收藏在禁宫里的文物、陈列在广阔大地上的遗产、书写在古籍里的文字都活起来。山西省委、省政府和各级宣传文化部门，以高度的文化自觉和文化自信，深入挖掘研究、宣传推介以"三个一"（即一座都城——襄汾约4500年前的陶寺遗址，一堆圣火——芮城约180万年前的西侯度文化遗址，一缕曙光——垣曲约4500万年前的"世纪曙猿"化石）和"三个文化"（即源远流长的法治文化，博大精深的廉政文化，光耀千秋的红色文化）为代表的优秀传统文化，推出了一批有价值、有影响的成果。在已有成果的基础上，编辑出版"山西八大文化品牌"丛书就是其中一项重要的工作。

山西历史悠久，人文荟萃，是华夏文明的重要发祥地。在五千年的历史变迁中，山西积淀生成了非常丰厚的文化资源。这些资源，是哺育和激励一代又一代山西人奋力前行的宝贵财富。如何挖掘、梳理这些宝贵财富，提炼出有代表性、有影响力的文化符号，并逐渐塑造成文化品牌，是我们在推动文化旅游产业发展和文化强省建设中，迫切需要解决的重大课题。"山西八大文化品牌"丛书在这方面进行了富有价值的思考和探索，做出了积极的贡献。全书从山西文化的特色和亮点切入，重点对华夏之根、黄河之魂、晋商家园、关公故里、佛教圣地、古建瑰宝、边塞风情和抗战文化等八大文化品牌，进行了比较系统的研究，并着眼于山西全面建成小康社会决胜阶段改革发展和文化建设的实际，提出了将这些资源优势转化为发展优势的有益建议。可以说，这套丛书为读者深层次地了解、认识山西文化打开了一条便捷的通道，也为发掘展示、传承弘扬山西优秀传统文化，树立山西的良好形象，提供了翔实的资料。总体来看，这套丛书推介的八大文化品牌，都具有比较鲜明的特色：一是独特性。它们体现了独具特色的文化内涵，有的甚至在人类文明的发展进程中是独领风骚、不可或缺的，其文化品格不同凡响、不可替代；二是地域性。这些文化形态是在三晋这块古老的土地上形成、发展、光大的，具有鲜明的地域文化色彩；三是丰富性。其表现形态，既体现在文化遗产存留的物质载体中，更体现在形式多样的非物质文化遗产中；既具有品质卓绝的物质遗存，更具有非常生动的精神文化内涵；不仅是对人类文明发展进程的历史性呈现与记录，同时也对当今时代具有非常重要的现实意义。

文化建设，功在当代，利在千秋。传承弘扬优秀传统文化，任重而道远。衷心希望社会各界有识之士，加入到山西优秀传统文化的发掘、研究中来，推出更多有深度、有分量的成果，为山西文化、中华文化的繁荣兴盛作贡献。

# 目　录

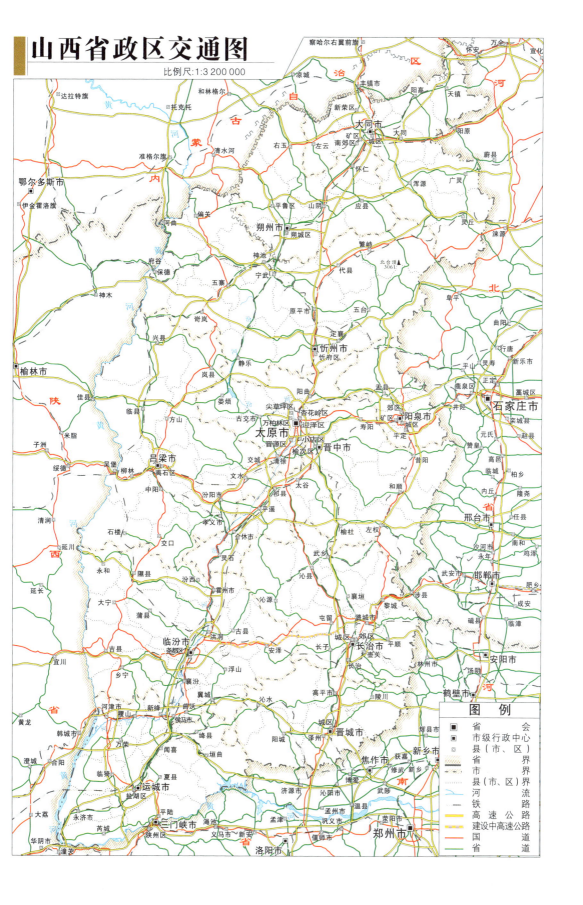

# 山西省政区交通图

比例尺:1:3 200 000

图 例

| | |
|---|---|
| ■ | 省 级 会 |
| ■ | 市级行政中心 |
| □ | 县 (市、区) |
| | 省 界 |
| | 市 界 |
| | 县 (市、区) 界 |
| | 河 流 |
| | 铁 路 |
| | 高 速 公 路 |
| | 建设中高速公路 |
| | 国 道 |
| | 省 道 |

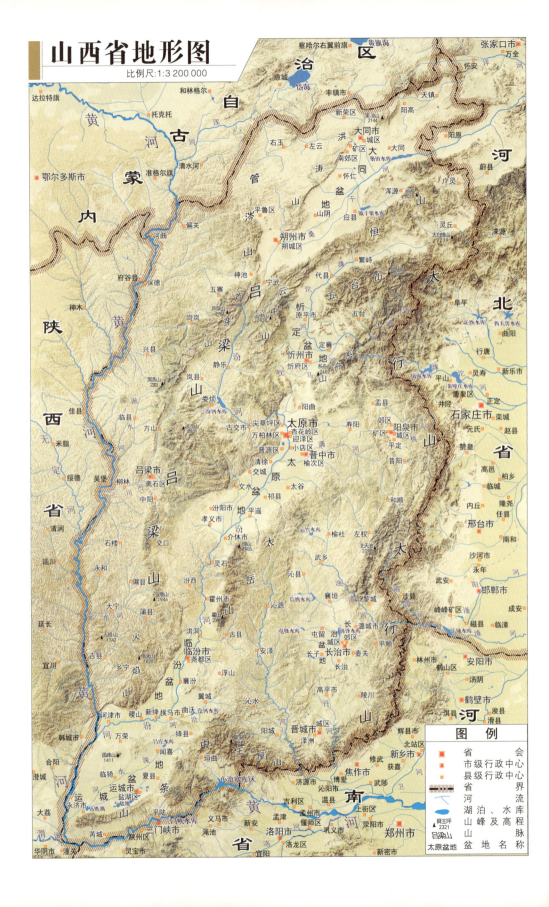

# 山西省地形图

比例尺:1:3 200 000

图　例

省　　　会
市级行政中心
县级行政中心
省　　　界
河　　　流
湖泊、水库
山峰及高程
山　　　脉
盆　地　名　称

黄河是我国的第二大河,在古代最早被专称作"河"。《书·禹贡》:"岛夷皮服,夹右碣石入于河。"到汉高祖刘邦封爵时,依然称之为"河"。《史记·高祖功臣侯者年表序》:"封爵之誓曰:'使河如带,泰山若厉。国以永宁,爰及苗裔。'始未尝不欲固其根本,而枝叶稍陵夷衰微也。"因封爵之誓借黄河与泰山为喻,极言国基坚固,国祚长久。所以人们对称作"河"的"黄河"格外尊崇。晋代诗人阮籍据此在《咏怀诗》第38首中写道:"弯弓挂扶桑,长剑倚天外。泰山成砥砺,黄河为裳带。"后来之所以在"河"前面冠以"黄"字,皆因其穿行黄土高原时,含沙量增大,水色浑黄,因此得名。《汉书·沟洫志》便云:"中国川源以百数,莫著以四渎,而黄河为宗。"

自古就享有盛誉的黄河,原本是由冰峰雪山融化而成的水系,自涓涓细流而为澎湃狂澜,九曲迂回,一泻千里,在我国北方的大地上蜿蜒奔涌,流经青海、四川、甘肃、宁夏、内蒙古、陕西、山西、河南、山东等9个省(区),汇集了40多条主要支流和1000多条溪川,行程共计5464千米,流域面积达75.24万平方千米。黄河在山西境内由北向南过忻州、吕梁、临汾、运城4市19县,流程965千米,占黄河总流程的17.7%。若将黄河的第二大支流汾河包括在内,其流域更为广阔,影响更为深远。山西由此与黄河血脉相连,一脉传承,建立了得天独厚、密不可分的关系,将"黄河之魂"作为山西八大文化品牌之一,自是名副其实,理所当然,恰如其分的。

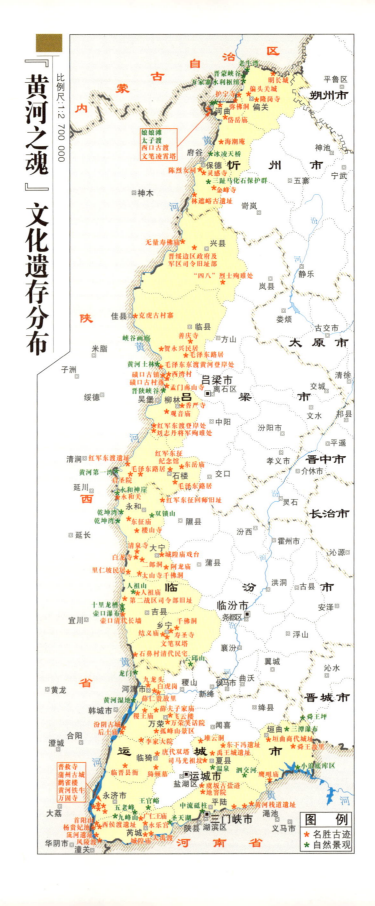

『黄河之魂』文化遗存分布

比例尺1:2 700 000

内 蒙 古 自 治 区

陕 西 省

河 南 省

平鲁区
朔州市
神池
五寨 宁武
岢岚
兴县
静乐
岚县
娄烦
古交市
太 原 市
清徐
交城
文水
汾阳市
平遥
孝义市
介休市
晋 中 市
灵石
霍州市
汾西
洪洞
古县
安泽
浮山
临汾市
尧都区
襄汾
曲沃
翼城
侯马市
新绛
绛县
沁源
沁水
闻喜
垣曲
万荣
稷山
运城市
盐湖区
夏县
平陆
三门峡市
湖滨区
义马市
渑池
长 治 市
晋 城 市
舜王故里

老牛湾
晋蒙峡谷
万家寨水利枢纽
护宁寺
河曲
西口古渡
娘娘滩
太子渡
西口古渡
文笔凌霄塔
明长城
偏头关城
隆岗寺
林遮峪古遗址
偏关
岳岳庙
海潮庵
冰凌天桥
府谷
保德
陈烈女祠
灵感寺
三趾马化石保护群
金峰寺
忻 州 市
神木
无量寿佛庙
晋绥边区政府及军区司令旧址
"四八"烈士殉难处
佳县
克虎古村寨
临县
方山
峡谷画廊
善庆寺
贺永兴民居
米脂
黄河土林
碛口古镇
碛口古村落
晋陕峡谷
毛泽东渡黄河登岸处
西湾村
孟门南山寺
吕 梁 市
离石区
柳林
香严寺
观音庙
中阳
子洲
红军东渡岸处
刘志丹将军殉难处
绥德
红军东渡遗址
清涧
红军东征纪念馆
毛泽东路居
石楼
毛泽东路居
石居庙
交口
黄河第一湾
吴堡
会圣院
永和神崖
永和关
延川
永和
乾坤湾
东征庙
双镇山
隰县
延长
楼山寺
西 省
清泉寺
大宁
城隍庙戏台
白龙寺
二郎洞
阿龙庙
里仁坡民居
太山寺千佛洞
人祖山
人祖庙
第二战区司令部旧址
吉县
千佛洞
十里龙槽
壶口瀑布
宜川
壶口清代长墙
乡宁
结义庙
寿圣寺
文笔双塔
石鼻村清代民宅
黄龙
龙门
九龙头
白虎岗
河津市
黄河湿地
薛仁贵故里
韩城市
樱王庙
飞云楼
万荣美院
汾阳古城
后土祠
汾阴峰山景区
李家大院
合阳
堆云洞
东下冯遗址
澄城
虞代双塔
司马光祖坟
运 城 市
临猗
垣曲商代城址
禹王城遗址
稷王庙
蒲坂古盐道
地窨院
黄河古渡
晋教寺
蒲州古楼
鹳雀楼
黄河铁牛
万固寺
永济市
王官峪
中流砥柱
大荔
五老峰
广仁王庙
黄河栈道遗址
鸣明山
夏县
小浪底库区
首阳山
西侯渡遗址
永乐宫
天顺
陕县湖滨区
杨贵妃池墓
匼遗址
凤陵渡
芮城
禹门
城隍庙
华阴市
潼关
黄 河

图 例
★ 名胜古迹
★ 自然景观

# 品牌定位

## 黄河是中华民族的圣河，山西广得其恩

纵观人类发展史，每一处古老文明的兴起，都源于一条功不可没的奔流长河。一如尼罗河浇灌出古埃及、幼发拉底河和底格里斯河滋养了古巴比伦、恒河催生了古印度文明一样，古老的黄河，就是中华民族的圣河，也即中华民族的母亲河。套用古希腊史学家希罗多德"埃及是尼罗河的赠礼"这句名言，我们也可以赞美，东亚大地上的早期的国家也是黄河的无私赠予。黄河流域是我国开发最

早的地区，当世界上许多地方还处在蒙昧状态的时候，我们勤劳勇敢的祖先，便在这块广阔的土地上开始了最初的休养生息。是他们这些黄河流域的早期居民，将自己的一往情深注入到了这片古老的黄土地，黄土地又赋予了河水生命的颜色，河水转而滋养了黄土生命的根系。当神圣的母亲河流经远古的山西时，山西极多地受到了黄河的青睐，可谓广得其恩。山西是古人类发祥地之一，被著名考古学家苏秉琦教授誉为"中华民族总根系中的直根"。山西的古人类和旧石器遗存遍及全省，已发现的有 300 余处，其中早期的就有157 处，位居全国之首。历史上，黄河还是地区划分的一个重要标志。

山西黄河第一湾——老牛湾

从战国始即称山西为"河东",这是因黄河自北向南流经山西境内,便将境内黄河以东的地区叫做"河东"。《左传·僖公十五年》载:"于是秦始征晋河东,置官司焉。"河东最初指山西境内西南部,唐代设置大行政区河东道后,曾一度把山西统称为河东。到宋朝时又以太行山为据,将黄河之东、太行山之西的地区改称山西,之后便将现今运城地区称作了河东。黄河在这里拐了一个弯,就像母亲张开了温暖的怀抱,让她的儿女深情地紧紧依偎在其中。史前的"三圣"尧、舜、禹,最早的活动范围就主要在被后世称作河东的地方。1959 年 4 月,在黄河流域的平陆县枣园村发掘出一幅完整的《牛耕图》壁画,体现了"日出而作,日入而息,凿井而饮,耕田而食"的远古劳动景象,成为中国农业文明的实物标志,更加奠定了山西特别是河东大地是中华民族发祥地之一的重要地位。的确如此,古人类在黄河流经的山西这方水土上是相当繁盛的,他们的生活岁月也是相当漫长的,对中华民族的贡献更是相当杰出的。正如国家文物局前局长、著名学者王冶秋先生咏诗叹曰:"晋南文物不寻常,史迹绵延万古长。猿人更有猿人早,哪论唐虞与汉唐!"

## 黄河是中华文明的摇篮,山西盛显其荣

水是生命不可或缺的要素,大河往往就成了文明的摇篮。伟大而古老的黄河,正是中华民族的摇篮,也是中华文明的摇篮。她用源源不断的母亲的乳汁哺育着我们的伟大民族,同时也孕育出了世界上最悠久、最优秀的文明之一——黄河文明。黄河从远古奔流至

今，在她奔涌的浪涛中，奏响的是中华民族五千年灿烂文明的不朽长歌；在她不倦的身躯上，镌刻着我们民族文化发展的辉煌印记。芮城西侯度人把人类用火的历史推到 180 万年前，这在我国目前还绝无二例。火的使用，在人类自身进化和文明发展史上是一个重要的里程碑，西侯度人也因此被誉为"人类烹调之祖"。在中国发展史上，最早最大的一次部落战争是炎帝、黄帝与蚩尤之战。黄帝"肢解蚩尤，化血为卤"的地方，即今运城盐池，古称"解池"、"解梁"。地处山西最南的芮城县附近，则是相传黄帝贤相风后发明指

稷王庙

南针战败蚩尤之处。风后去世，黄帝将其葬此，故名风陵渡。这场战争不仅促进了指南针这一重大发明和盐池的开发运用，更主要的是极大地推进了氏族部落间的融合，形成了华夏民族的雏形。这也正是中华民族之所以称自己为"炎黄子孙"的原因所在，同时更是华夏民族从远古不懈走来，生生不息，源远流长，成为当今世界第一大民族的缘由。相传黄帝的妻子嫘祖曾在河东教百姓植桑、饲蚕、织丝，后世将嫘祖尊为"蚕神"、"蚕祖"。如果说"嫘祖养蚕"属神话传说尚不足信的话，那么1926年考古学家李济在夏县西阴

村发现的新石器时代的半个蚕茧化石，上面有用人工锋利器具切割过的明显痕迹，就充分证明河东是我国乃至世界蚕丝的发祥地。当年丝绸之路上交换的上等锦缎，都曾印有"西阴"二字，意在纪念夏县西阴这个人类蚕丝的故乡。神农氏炎帝曾在河东尝百草、在上党尝百谷，不仅被誉为华夏民族的医药之祖，还开创了华夏民族从游牧渔猎时代向农耕时代转变的新纪元。神农氏的后人姜嫄生下一个叫姬弃的婴儿，这个孩子神奇般地大难不死，后来成为华夏民族农业文明的始祖，他就是后稷。在后稷的带领下，农业真正从畜牧

运城盐池

稷益庙壁画《捕蝗图》

业中分离出来，成为中华百姓安身立命的根本。当年后稷教民稼穑之处被称作稷山，各地广立稷神以祭之，无不对其顶礼膜拜，就连"社稷"也成了国家政权的代称。专聘后稷做农师的尧帝，在襄汾陶寺建立了我国年代最早、规模最大、文化最丰的一座史前古都。《尚书》所载"九族既睦，平章百姓；百姓昭明，协和万邦"的唐尧盛世，在陶寺遗址得到了生动辉煌的写实印证。永济至今仍保存着舜都蒲坂旧城，贤明圣德的舜帝以高洁的品行昭行天下，教化生民。我们民族勤劳、善良、纯朴、宽厚的传统美德自舜以降绵延不止。奉舜命治理洪水的大禹，带领百姓疏通江河，兴修沟渠，发展农业。在治水的 13 年间，三过家门而不入，令人钦敬。后因治水有功，被舜选为继承人，传曾定九州，铸九鼎。其子启建立了中国历史上第一个朝代——夏朝，建都山西夏县。尧、舜、禹相继建都于黄河流域的河东，使这里成为中华文明的摇篮，他们用自己的奋进与拼搏，绘制出中华文明源远流长的画卷，记载了中华民族生生不息的历史进程。毋庸置疑，"华夏文明看山西"；心领神会，请听黄河奏鸣曲。黄河之魂的浪花飞迸，有如昂扬向上的音阶；黄河之魂的瀑布呼啸，化作激昂雄浑的旋律。我们如同听到了母亲河所述说的不朽记忆，所描绘的艰难经历，所汇集的古今信息，所颂赞的辉煌业绩。的确，在黄河之魂深厚的底蕴中，我们不仅可以追寻峥嵘的往昔，还必须面对挑战，迎接未来的洗礼；不仅可以尽显永恒的荣耀，更应当继往开来，续写崭新的传奇！

## 黄河是中华图腾的故乡，山西尤感其韵

面对五千年的中华文明史，人们常常会这样思索，往往会这样探究：其源头究竟在哪里，其根又在何方？当我们把目光停在黄河有如"几"字形的地图上时，就会被山西所处的位置所吸引，如同看到一条矫健腾飞的龙！于是为找到答案而兴奋：这里正是中华图腾——"龙"的故乡！"龙究竟是什么东西呢？我们的答案是：它是一种图腾，并且是只存在于图腾中而不存在于生物界中的一种虚拟的生物，因为它是由许多不同的图腾糅合成的一种综合体"（闻一多《伏羲考》）。这种"糅合"即角似鹿，头似驼，眼似兔，颈似蛇，腹似蜃，鳞似鱼，爪似鹰，掌似虎，耳似牛。龙作为早期人

类图腾的历史，就是从黄河流域揭开第一页的。在《从人首蛇身像谈到龙与图腾》一文里，闻一多又列举7条证据论证华夏族的图腾为龙。不过，此时所崇奉的龙已不再是原来意义上的图腾，而变为民族融合的共同保护神。黄河流域是华夏民族以农立国的地方，这也就使得作为主宰雨水之神的龙备受尊崇，也是龙崇拜得以长期延续的最重要的原因。龙逐渐成为中华民族的标志和象征，炎黄子孙也被称为"龙的传人"。在中国历史上，龙在树立权威、夺取并巩固王权方面曾起过重要作用。《帝王世纪》载黄帝"龙颜，有圣德"，将其视为龙的化身。广泛活动于河东一带的尧、舜、禹也皆传说与龙有关。相传庆都与赤龙交合而生尧（《绎史》卷九引《春秋合成图》），故尧"身倬十尺，丰上兑下，龙颜日角，七采三眸，鸟庭荷胜，琦表射出"（《路史·外纪》）。又相传握登见大虹（龙的化身）而感生舜，故其"龙颜大口，黑色，身长六尺一寸，有圣德"（《帝王世纪》第二卷）。《太平御览》卷四引《遁甲开山图荣氏解》称禹母"水中得月精如鸡子，爱而含之，不觉而吞遂有娠"而生禹，所云"月精如鸡子"，其实就是龙卵的象征物。陈志良在《始祖诞生与图腾主义》一文中考证说："从（禹）字的字形上说，甲骨文与金文也都作二虫相交之形，所以以为禹的图腾是两条龙，应无问题。"山西陶寺出土的4件绘有龙纹的彩陶盘，正是图腾的象征和族徽的标志。就民俗而言，农历二月二为"龙抬头日"。各地皆有活动，唯芮城河文化的沿黄河岸背冰亮膘的"龙头节"独具特色。"寒食节"和"清明节"皆与春秋介子推被焚有关。后世称"寒食节"为禁火日，也称"龙忌"。《后汉书·周举传》："太原一郡，旧俗以介子推焚骸，有龙忌之禁。"山西境内多有与"龙"有关的山名、洞名、寺名等。省会太原是唐王李世民视为"王业所基，国之根本"的"龙兴之地"，因此而被誉为"龙城"。最引人注目的还数河津西北 12 千米黄河峡谷中的"龙门"。据《水经注》载："龙门为禹所凿，广八十步，崖际镌迹，遗功尚存。"《积水》也云："龙门地势险要，河率破山而行，禹功于此为大。"后人感念以龙为图腾的大禹，也将龙门称为"禹门"。"鲤鱼跳龙门"的动人传说就出于此处，后比喻中进士为"登龙门"。至今仍将"鲤鱼跳龙门"一语，作为美好的祝词广为使用。"龙的传人"对中华文明的承先启后、孜孜不倦的追求，正是"鲤鱼跳龙门"传说的见证。今天，滔滔黄河水依然日夜奔流，生生不息，负载着数不尽的龙的传人，回荡着唱不完的龙的赞歌，奔腾跨越，迎接更加繁荣富强的美好未来！总之，黄河是中华图腾的故乡，山西可谓尤感其韵。这正是：龙的灵异，龙的潇洒，龙的威猛，龙的崇拜，龙的牵挂，龙的传奇，龙的神话，龙的文化是龙山的信札，龙的图腾是龙寺的密码，龙陶留存有珍贵的记忆，龙洞深藏着凝重的回答，最闪耀的便是龙门口的灯塔，最暖人的则是龙头节的火把，喜看龙城儿女自当虎跃龙腾，龙的传人更加挺进奋发！

壶口瀑布

## 黄河是中华精神的象征，山西深悟其魂

有一首诗这样写道："黄河，就这样流淌，就这样流淌，以轩辕氏的色素，以神农氏的色素，漂染出一块又一块橘色的版图，抛光了一代又一代镀铜的脊梁。于是黄河魂代代相传，从爷爷……爷爷的血管，注入子孙……子孙的胸膛！"这就提示我们，不可只吟咏翻飞的黄河之浪，只惊叹奔泻的黄河之瀑，而要品味深邃的黄河之韵，感悟博大的黄河之魂。黄河以其极为触目的色彩著称于世，而这浓烈的黄色来自于一片深厚的黄土地，这就是举世闻名的黄土高原。凌空俯瞰，黄河如同一个大大的"几"字，横亘在祖国北方的原野间。就在最上面向下的拐弯处，黄河从内蒙古草原掉头向南，自偏关县老牛湾撞开山西的大门，兴奋地拥抱这片她特别青睐的一方水土，在河曲唱响她悠扬的情歌，入西湾礼赞她繁华的盛装，进壶口尽显她豪迈的气魄，出龙门舒展她宽阔的襟怀，至盘沟留存她惜别的身影。黄河既有喜人的柔情，更有惊人的豪情，使她犹如一把挥洒自如的利剑，毅然决然地将黄土高原劈为两半，豁开了黄河干流上最长的一段连续峡谷——晋陕大峡谷。黄河在这道峡谷中的恣意奔泻，纵情撒欢，造就了龙门、壶口、大禹渡等诸多的险迹奇景。倘若漫游其间，犹如走进历史的长廊、山水的画廊。其中最典型的当数闻名遐迩的壶口瀑布。一路狂若猛虎、矫似腾龙的黄河，到达吉县龙王辿一带，受河床走势影响，数百米的水面骤然收缩成50余米，倾泻在落差30多米的石槽中。霎时间，原本桀骜不驯呈

汹涌之势的黄河，为眼前被束缚的命运所激怒，顿时巨浪翻滚，急流喷涌，声似雷鸣，数里可闻。《山海经》云："盖河势北来，至此全倾于西崖之脚，奔放而下，约五六百尺，悬注漩涡，如一壶然。"壶口瀑布之名便由此而来，黄河的不朽精魂在这"壶"内蕴蓄，黄河的内在神韵由此"口"中喷涌。这"天瓢倒泻吼雷霆"的急流飞瀑，正是我们民族血脉中奔涌的壮志；这"石堑横吞薄烟雾"的浩波巨浪，正是我们民族奋进中不屈的豪情。诞生于惊涛骇浪之中的中华民族，曾受壶口瀑布撼天动地的雄浑壮美情景的激励，谱写出时代的最强音——《黄河大合唱》："啊，黄河！你一泻万丈，浩浩荡荡，向南北两岸，伸出千万条铁的臂膀。我们民族的伟大精神，将要在你的哺育下发扬滋长！我们祖国的英雄儿女，将要学习你的榜样，像你一样的伟大坚强。"大合唱饱浸黄河精魂、凝聚民族精神的歌词与旋律，极具强烈的冲击力和震撼力，激励着中华儿女，背负着民族的希望，浴血奋战，迎接胜利和解放。黄河由此而成为中华精神的象征，而山西可谓深悟其魂。著名女作家宗璞在《黄河魂》中就这样写道："我深深地被壶口瀑布那动人心魄的力量所震撼，为她那一往无前的大无畏精神所折服，为她那前赴后继的献身壮举所感染，为她那无坚不摧的气概所激励……黄河，哺育中华民族的母亲河！您的胸怀，您的精神，您的气概，是亿万中华儿女力量的源泉，而壶口瀑布正是您的灵魂精魄的集中体现！"九曲黄河，用其集中体现灵魂精魄的壶口瀑布，以生命激情的热浪、喷薄理想的涛声，为我们谱写了讴歌中华精神的豪迈乐章。这就是以爱国主义为核心，通过几千年的历史实践，展现出灿烂辉煌的文明成果，具有崇高伟岸的民族号召力和强大的民族凝聚力，永远激励着中华儿女的爱国热情，奋然前行。"黄河落天走东海，万里写入胸怀间。"黄河由北向南在山西境内一路奔涌，让我们切身感受到她从容的坚定，奋力的抗争，无私的奉献，奔放的豪情，永远的进击，不屈的刚劲……这正是：波翻浪飞辟鸿蒙，瑰奇壮阔显雄浑，磅礴气势蕴乾坤。阅尽古今事，播撒哺育恩。龙门壶口见精神，浅吟低唱高诵。继往开来倾心声：黄河儿女情，中华民族魂！

　　黄河是一条雄浑壮阔的自然之河，黄河是一条润泽万物的生命之河，黄河是一条饱经沧桑的历史之河，黄河是一条亘古绵延的文化之河……黄河在与山西这片黄土地的亲密接触中，不仅彰显了博大精深的光辉思想，同时还积淀了包罗宏富的杰出文化；不仅造就了叹为观止的奇特名胜，同时还孕育了异彩纷呈的典型民俗。可以自豪地说，壶口龙门的传说有多么神奇，"黄河之魂"的底蕴就有多么神异；可以骄傲地讲，太行吕梁的山石有多么厚实，"黄河之魂"的内涵就有多么厚重！

## 黄河之魂的思想风骨

　　山西省南部黄河拐弯处与汾河交汇而形成的金色三角洲，是黄河这一中华民族的母亲河特别青睐的一方热土。黄河在这里拐了一个弯，正如同母亲张开了温暖的怀抱，而将华夏民族的龙脉——黄河文明紧紧地揽入其中，而这一切又都是在对黄河的治理中逐渐形成的。《淮南子·览冥训》云："往古之时，四极废，九州裂，天不兼覆，地不周载，火滥焱而不灭，水浩洋而不息。猛兽食颛民，鸷鸟攫老弱。于是女娲炼五色石以补苍天，断鳌足以立四极，杀黑龙以济冀州，积芦灰以止淫水。"这段记述，引用者通常以"女娲补天"名之。著名学者袁珂则认为："女娲补天，其目的无非治水。'积芦灰'已明言'止淫水'。其余三事：'断鳌足'、'杀黑龙'，乃诛除水灾时兴波逐浪之水怪；而'炼石补天'所用之'石'，亦堙洪水必需之物。故谓女娲神话最初所传，当亦系治水。"所治之

禹王洞（位于系舟山腰，传说大禹在此治水）

"河"即黄河，所"济冀州"即今河东之地。《禹贡》："晋地有冀。"《水经注·汾水》："（汾水）过冀亭而注入黄河。"《左传·僖公二年》杜预注："冀，国名，平阳皮氏县（今河津）有冀亭。"无论是"女娲补天"，还是"女娲治水"，据现今学者考证，称其不再是神话传说，而是一段真实的历史。正是通过治水，人类磨炼了意志，铸造了精神，开启了智慧，建立了信念。在这点上，更加典型的则是大禹。《孟子·告子下》："禹之治水，水之道也，是故禹以四海为壑。"《孟子·离娄下》："智者若禹之行水也，则无恶于智者。禹之行水也，行其所无事也。如智者亦行其所无事，则智亦大矣。"意思是说，大禹治水，是顺应水的本性而行，是想办法让水流入四海。如果聪明人像大禹疏通水流那样，就不会讨厌聪明了。大禹的疏通水流，是让它们不违反自然地流动。如果聪明人也使自己不违反自然而行事，那么也就会变得更加聪明。的确如此，倘若没有对自然的深刻感悟，人类将永远不会变得聪明睿智，他们的生存依然只能是与自然痛苦地抗争。大禹的父亲鲧，不辞劳苦地堵了9年洪水，堆砌的土石方如同山峦一般，可最终还是被黄河讥讽地冲了个一干二净，最终一事无成，仰天长叹，只有以死而谢苍生。或许是从父辈的沉痛代价中，大禹悟出了这样的真谛：世间之事，如若直面封堵无效时，理当改变策略去因势疏导。可谓失败促变革，实践出真知，奋斗须智勇，不屈贵精神。"大禹神功何处是，壶口南去有龙门。"位于河津市西北12千米的龙门，正是大禹凭着敢与自然一比高下的气魄，干出的惊天动地之伟业。他凿龙门，开河道，治水患，福黎民，被世人传为千古佳话。正因此，龙门又称"禹门口"。《列女传》载，大禹娶涂山氏长女，女生启，"禹去而治水，三过其家，不入其门"。唐代诗人李白赞曰："大禹理百川，儿啼不窥家。杀湍堙洪水，九州始桑麻。"（《公无渡河》）清代思想家魏源《龙门》诗也云："不放黄河走，层层锁石门。驾空腾雪浪，夺隘战乾坤。南北中条划，地天人力尊。如何开辟久，元气尚浑浑。"将大禹治水的奇迹凝练地概括为"地天人力尊"，而这正是战国末生于山西安泽的荀子所鲜明提出的"人定胜天"的哲学思想。女娲和大禹，堪称中国历史上最早治理黄河的英雄。他们所具有的智慧和意志，正是中华民族顽强不屈斗争精神的切实写照；新中国成立以来山西在治理黄河中取得的巨大成果，又是这种精神传承的生动说明。滔滔不绝、奔流不息的黄河水，是我们民族无坚不摧、无往不胜、生生不息的最好象征；流淌在我们热血中的百折不挠、始终不渝的精神，也早已化作黄河儿女世代相传、永不变异的基因。遇坎坷而不沮，临绝境而益强，自信执著，不畏艰难，坚忍不拔，无私无畏，奋发进取，所向披靡，自古就被颂作黄河之魂，而这思想风骨又何尝不是伟大中华的民族之魂！

## 黄河之魂的文化风采

黄河在与山西这片古老土地的亲密接触中，不仅孕育了丰盈膏腴的"水文化"，还催生出诸多独具魅力的特色文化。如芮城西侯度人把人类用火的历史推到180万年前，堪称最早的"火文化"。西侯度人也因此被称作"人类烹调之祖"。炎黄二帝与蚩尤的大战，不仅标志着华夏民族的初步形成，也开创了最早的"盐文化"（相传由蚩尤鲜血所变之运城盐池）。黄帝在部落统一战争之后，特意到始祖女娲故里汾阴上（今属万荣）建坛祭祀，"祭祖文化"由此而来。尧、舜、禹继承了炎黄在中原的首领地位，使原始社会的早期文化更加锦上添花。太平治世的尧王，任用洪洞人皋陶为法官，历史上被誉为法律的创始人，旧时被供为狱神。尧还用贤人羲、和二臣创建历法，任用乐官夔创作音乐，使劳作的百姓从此有了精神上的娱乐和享受。尧时有老者击壤而歌曰："日出而作，日入而息。凿井而饮，耕田而食。帝力于我何有哉！"据说这就是我国最早的诗歌《击壤歌》。如今在临汾市尧都区康衢庄，还依稀可见旧时的"击壤台"。相传"尧帝城西南有玉泉，尧王亲往酿醴"。古代管醋为"醯"，酿醋者称"醯人"，酿醋的醴叫"老醯"。由于山西人对"醋文化"的重大贡献与特殊感情，加之"醯"与"西"同音，山西人便赢得了"老醯儿"的俗称。尧王"历山坪得英才舜帝，举贤让政废黜九子"，由此，中国政治文化中有了一个充满民主色彩魅力的"禅让制"。舜为防止自己办事不妥，特在门前专设"敢谏之鼓"和"诽谤之木"，让每个臣民随时敲鼓献言和击木批评。《史记·乐书》说："昔日舜作五弦之琴，以歌《南风》。"《孔子家语·辩乐篇》载此歌："南风之薰兮，可以解吾民之愠兮；南风之时兮，可以阜吾民之财兮。"相传舜将禅位给禹，和臣僚在一起唱歌，歌云："卿云烂兮，纠缦缦兮，日月光华，旦复旦兮。"（见《尚书大传》）。尧、舜时的《击壤歌》、《南风歌》、《卿云歌》等，不仅证明河东大地是我国"诗歌文化"的重要发祥地，还以其内容表明了尧、舜时的仁爱、礼义为百姓所由衷颂赞。"尧天舜日"也成为称颂帝王盛德和太平盛世的专用词语。后来儒家文化成为一个民族精神支柱，而其伦理的基石就是尧、舜道德观。《论语·学而》："孝悌也者，其为仁之本。"《孟子·梁惠王上》："谨庠序之教，申之以孝悌之义。"儒家伦理思想的核心是"仁"与"孝"。"仁"是蕴藏在内心的一种道德意识，表现在行为上便需要以"孝悌"为起点，即对父母要孝顺，对兄长要敬爱，在家能孝悌，在朝则忠仁。《孟子·告子下》："尧舜之道，孝悌而已矣！"并借此提出了"人皆可以为尧舜"的著名论题。孔孟之道是对尧、舜之道的继承与发扬，这些融入我们民族精神的道德准则，就是数千年前尧、舜创建于晋南一带的不朽文化遗产。禹继舜位定都安邑（即今夏县），人们因富足而开始用剩余的粮食酿酒。这也就是"酒文化"在山西极具影响的重要缘由。尧、舜、禹相继建都晋南，形成了初始的"根祖文化"。大禹治水后将全国分为九州，并铸青铜九鼎。从此，"九州"成为天下的泛称，"九鼎"则是"皇权文化"的象征。比孔子尊称"圣人"早800年的商代名相平陆人傅说，还是"版筑"打墙法的发明人，对"建筑文化"的发展卓有功绩。晋国乐师洪洞人师旷目盲善琴，对"音乐文化"的分类卓有建树。战国时张仪（今万荣人）用连横之策而使秦最终完成统一大业，其"论辩文化"的推广卓有成效。《史记·货殖列传》太史公曰："长袖善舞，多财善贾，其猗顿之谓乎！"猗顿即春秋末定居猗氏（今属临猗）的富商，是"商业文化"史上的重要人物之一。此外，山西的"图腾文化"、"农耕文化"、"宗教文化"、"戏剧文化"、"园林文化"、"面食文化"等等，也都有着不同凡响的代表性。总而言之，这些尽显"黄河之魂"风采的特色文化，具有源远流长、脉络清晰、兼容并蓄、革新进取的特点，将激励后人去不断地谱写更加辉煌的乐章！

## 黄河之魂的名胜风光

晋成公绥《大河赋》："览百川之弘壮兮，莫尚美于黄河！"唐李白《将进酒》诗："君不见黄河之水天上来，奔流到海不复回！"正是这条从高山流入大海、从远古奔向未来的"尚美"黄河，在她时而舒缓、时而激昂地流过山西965千米土地的过程中，既热情洋溢地唱响恢弘的历史赞歌，又浓墨重彩地绘出壮阔的文化画卷，同

黄河长城（河曲）

时还匠心独具地造就神奇的自然景观。这些景观如同历史赞歌的几多音符，好似文化画卷的几许色泽，成为极具“黄河之魂”魅力的风景名胜。作为母亲河的黄河，给她生长在山西的两个子女起了母子血脉相连的名字——河曲与河津。黄河九曲十八弯，只有河曲因“曲”而得名。如果说她上承的是“黄河入晋第一湾”的偏关老牛湾，那么又在此铺开“天下黄河第一滩”的河曲娘娘滩。无论是“湾”还是“滩”，到此都会真切地感受到质朴纯正的黄河文明的流风遗韵。河津之“津”，指河边渡口。唐吕温《孟冬蒲津关河亭作》诗：“息驾非穷途，未济岂迷津？”说停车不走非无路可行，未曾渡河也非迷失津渡。言外之意是指此间风景奇绝而使人不忍离去。河津正是因有“龙门”雄奇胜景和“鲤鱼跳龙门”神奇传说，自古便成了吸引游人的绝佳去处。清顾炎武《龙门》诗：“亘地黄河出，开天此一门。千秋凭大禹，万里下昆仑。入庙焄蒿接，临流想象存。无人书壁问，倚马将黄昏。”热情地歌颂了大禹开凿龙门、治理黄河的不朽功绩，反映了人们对这位治水英雄的衷心敬佩、馨香祭祀。大禹的精神早已融入“黄河之魂”而为人所传颂。如果说河曲与河津这两个名字与黄河直接关联，那么还有两个名字同样也因黄河而生——碛口和壶口。碛口之“口”，指出入的通道。依吕梁山，襟黄河水，碛口自古就是兵家要冲，明清以来又成为黄河水运的中转站，现因集古渡、古街、古铺、古刹、古村落于一体，而被誉为“九曲黄河第一镇”。壶口之“口”，指状如口形之地。壶口瀑布虽是我国的第二大瀑布，却是全世界的第一大黄色瀑布。“听之若雷霆之鸣，望之若虹霓之射”，从壶口瀑布奏响的最强音中，会真切地感受到黄河赋予我们民族的是不断促使其崛起与发展的无穷力量！

汾河，黄河第二大支流，在山西省中部，全长716千米，发源于宁武管涔山麓，到万荣县汇入黄河。汾河滋润了25%的山西土地，养育了近半数的三晋儿女。因汾河而得名之地甚多，如汾阳、汾西、临汾、汾城（后与襄陵合并为襄汾）、汾州（即今隰县）、汾阴（即今万荣）等。自古黄河与汾水并称为"河汾"。隋末王通设教河汾间，

碛口古渡

有弟子千余人。唐初名臣房玄龄、魏徵、李靖、程元、窦威、薛收等皆从其受业，时称"河汾门下"。今万荣通化镇就有王通祠。不过，万荣最有名的当数后土祠与秋风楼。汉元鼎四年（前113），汉武帝率群臣到汾阴祭祀后土，泛舟汾河，饮宴中流，触景生情，即席而作千古绝唱《秋风辞》。一曲帝王歌，两处名胜景，千里河汾渡，万古风光荣。河东永济古蒲州黄河故道上出土的镇桥铁牛，可谓桥梁史上独一无二的传世之宝。之所以选用牛的造型，皆因牛是力大无穷、吃苦耐劳、身负重任、甘于奉献的化身，体现了我们民族坚忍不拔、奋勇拼搏、锐意进取的豪迈气概和顽强精神，这既是"黄河之魂"，更是民族之魂！重建的鹳雀楼蔚为大观，实乃盛世之举。历代文人墨客写有许多咏楼的名作，其中最令人称誉的当数唐代山西籍诗人王之涣的《登鹳雀楼》。千百年来，"欲穷千里目，更上一层楼"的名句，对激励振兴中华民族之志产生了极其深远的影响。鹳雀楼也由此可视为能够体现"黄河之魂"的重要文化象征。山西境内因黄河而形成的风景名胜甚多，"风光满目皆吾土，逸气飘然总胜游"。让我们从中挖掘内蕴的"黄河之魂"精髓，提炼丰富的"黄河之魂"营养，通过不断地宣传与开发，为世人"更欲登临穷胜景"而书写新的篇章，迎接新的辉煌！

## 黄河之魂的民俗风貌

山西的民俗文化同山西的历史一样源远流长，一样丰富多彩，从而成为山西文化资源宝库中的一颗明珠，熠熠生辉，引人注目。

山西的民俗文化具有古朴淳厚、粗犷豪放、多元交融、博采兼收的区域特征，是黄河民俗文化中极富代表性的类型之一。尽管因地域不同，山西的北、中、南民俗有所差异，但总的来说，这些民俗的形成，皆离不开黄土的培植，也离不开黄河的滋润，故拥有"黄土之根"的脉络，尽显"黄河之魂"的神韵。山西的戏曲起源于汉代，现仍有 54 个剧种，占全国剧种总量的 1/6。著名的"元曲四大家"，山西就占了 3 位，而且皆诞生于河汾流域，即河曲人白朴、襄汾人

壶口瀑布边表演的《飞瀑神韵》

狮舞

威风锣鼓

沿黄风俗图

比例尺:1:2 700 000

晋北风俗区

偏关:春节烩菜捞饭,羊杂,麻叶子,听北路梆子,二人台,龙年盛会,河灯

河曲:初七过小年,忌吃荤,吃酸饭,走西口,转灯走九曲,清明抬城隍,中元

保德:除夕挂葱蒜,正月二十五东关古会,抱娃娃会,二月二捏面灯,酸捞饭,清明打秋千,唱民歌,

晋北区:
春节:迎神旺火、祭祖、拜节、蒸糕
元宵节:旺火、观灯、北路梆子、二人台、九曲黄河灯
龙头节:引钱龙、剃头
清明节:男子上坟、祭扫、捏面燕、踏青
端午节:采艾草、悬艾人、粽子、缝符节、试新镜
中元节:祭祖、焚纸、捏花馍、放河灯
中秋节:打月饼、祭月供玉米、团圆

兴县:除夕点火榻子,点柏枝,冒汤烙饼羊杂碎,兴县小吃喇叭叨,钱钱饭,二月二骡马会,元宵九曲泥灯会

晋西风俗区

临县:伞头秧歌,正月祭面人,三月插青柳,水旱码头小都会,黄河羊皮筏,杨调道情戏,大锁呐,民歌,游九曲

柳林:盘子会,弹唱,面塑,如女"偷"面鸡,旺火秧歌,荞面碗托,剪纸,布玩具,游九曲,赶牲灵

春节:迎神、面塑、饺子、垒旺火。
元宵节:汤圆、羊肉饺、伞头秧歌、盘子弹唱
填仓节:面塑
龙头节:司钱头、吃枣山、闹社火、剃头
清明节:祭扫、摊黄儿、吃炒面、圪针穿燕燕
端午节:粽子、凉糕、采艾采药、栓五色丝
中元节:供面人、祭红点馍、拣麻谷
中秋节:打月饼、烙芝麻饼、设案拜月供玉米
寒衣节:上坟焚彩纸衣

石楼:春节枣围子,二月赶古会,六月尝新麦,菜羊肉,吃熏枣,住窑洞,石头玩具

永和:听道情,吃厚馍,娃儿睡摇车,窝头像朝板,门楼斜着盖,五行永和关,嫁娶颂喜词

吉县:二月二送五毒,清明踏青,蒸子推馍,六月晒衣货,九月豆馅馍,荞面锭,饸饹

大宁:腊月酿米酒,扫窑,岁除吃扁食,迎亲吃花糕,老人修交木,二月九城关会

河东风俗区

乡宁:花鼓社火,山灯,正月三十"熬苦",端五洗艾水,四月八庙会,制陶

河津:节庆闹花鼓,歌舞马脚,架火转灯,单坡四合院,禹王传说,布老虎,琉璃工艺

万荣:面塑花馍,端五饮百叶茶,重阳登稷王山,布玩具,泥老虎,清戏,抬阁,软锤鼓,民间笑话

春节:蒸头箩面馍、迎神、祭祖、拜节
元宵节:饺子、汤圆、旺火、观灯、敬神、蒲剧
填仓节:春卷春饼、祭仓官
龙头节:洒汤禁虫、吃炒豆、麻花、闹社火
寒食清明节:祭祖、蒸大馍、禁火寒食、插柳踏青
端午节:五色线粽子、插艾草、悬艾虎、蛤蟆墨
中元节:花馍素菜祭祖、焚纸、放河灯
中秋节:供月、赏月、月饼、西瓜

临猗:春日吃合子,油,酱玉瓜,刺绣,布老,眉户,花鼓,锣鼓杂,扎马角

永济:正月道情拉胡戏,馍花糕拜干亲,春日贴金,谷雨禁蝎文,六月晒丝绸,冬至煮馄饨

垣曲:食米祺、卧和菜、小枣花、大窝窝、炒祺锅盔、提亲先看丈母娘、娶亲拦马头、舜乡传说、曲剧

夏县:春节祭祖,社火古朴,馄饨臊子面,小戏蛤蟆翁,清明滚枣馍,云彩灯,司马光传说

芮城:白馍油辣子,节庆吃油饼,二月二背冰亮膘,石磨,古会亮宝,红火线,毛女舞

平陆:窑洞地窨院,祭灶打醋坛,新郎抹花脸,傅公庙会,花鼓戏,高调

郑光祖、解州人关汉卿。山西现存古戏台2888座，居全国之冠，其中的8座元代戏台和洪洞广胜寺元代戏剧壁画为全国仅存，充分反映出戏曲在山西的繁荣兴旺，山西也因此享有"中国戏曲摇篮"的盛名。山西又有"民歌海洋"的美誉，几乎每个县都有自己的民歌，已收集的就多达2万多首。其中的不少经典民歌如《走西口》、《圪梁梁》、《看秧歌》、《杨柳青》、《绣荷包》、《想亲亲》、《桃花红杏花白》等广为流传。山西的民歌曲调优美，歌词生动，情真意切，便于传唱，又因受地域环境、经济状况等影响，呈现出各自的特色风貌。黄河入晋处的河曲、保德、偏关一带的"山曲"高亢嘹亮，辽阔雄浑，抒情憨直泼辣，朴素明快中又不乏诙谐缠绵。以左权为代表的"开花调"自成脉系，显得清新柔美，不少"三拍子"的情歌，是其他民歌所没有的。祁县、太谷的民歌，受近代商贾兴盛的影响，无论形式或内容，都较为灵活自由，富于变化。河津、芮城多流行黄河船工所唱的"号子"，具有节奏鲜明、音调流畅、情绪豪放的特点。山西还是著名的"民间舞蹈之乡"，现存的民间舞蹈就有200余种，包括"龙舞"、"高跷"、"旱船"、"背棍"、"抬阁"、"秧歌舞"、"狮子舞"、"鼓类舞"等，其中仅鼓类舞就有"花鼓"、"扇鼓"、"腰鼓"、"迓鼓"、"转身鼓"、"穿箱锣鼓"等近20种。万荣县被称为"花鼓之乡"，临汾的"威风锣鼓"驰名中外。山西的民间工艺种类繁多，极具魅力。主要品种如"河津琉璃"、"新绛云雕"、"中阳剪纸"、"大同绢人"、"孝义皮影"、"晋中砖雕"、"绛州澄泥砚"、"平遥推光漆"等，都以其独特的历史内涵和艺术价值，受到国内外专业人士的推崇和广大民众的欢迎。中国的民居建筑，向有"北看山西，南看安徽"之说。山西最具代表性的富庶华丽民居，首推汾河流域的祁县、平遥之建筑。盛行于黄河流域的民居建筑当数许多村落的窑洞，冬暖夏凉，极为舒适，层层叠叠，宛然如画。其中黄河边上平陆的"地窨院"特色更为鲜明，是人类早期穴居发展演变的实物遗存，既有

孝义皮影

历史的价值，又有观赏的魅力。与民居相关的还有过年贴门神之俗。民间将唐代名将秦琼、尉迟恭尊为门神，绘像贴于门之左右。其中的尉迟恭即山西朔州人，被老百姓尊为忠实守护神，着实令人钦敬。这当然与"并州近狄，俗尚武艺"（《通典》）有关。活跃在忻州的"挠羊赛"摔跤也因受这种尚武精神的影响而形成。"大河不废梦寥廓"，"元气汪洋地脉长"，河曲历史悠久的"河灯会"、柳林孟门神奇有趣的"九曲黄河阵"、芮城风陵渡惊险刺激的"背冰亮膘"等民俗表演，更是直接与黄河密不可分的民间活动，具有极强的生命力和巨大的吸引力。这些既古老又鲜活的民俗活动，皆具有历史积淀厚重、艺术展现完美、力量聚合强大、激情释放豪迈、魂魄萦绕沉思等一系列丰富内涵。丰盈的积累使之愈发多姿多彩，务实的开拓令其更加灿烂辉煌！因为我们懂得，具有黄河神韵、黄土风情的山西民俗，绝不只是远古生存需要所保留的珍稀孑遗，而是体现承载民族文化价值的宝贵遗产。只有重视和珍惜它，我们才会铭记共同的根祖；只有爱护和传承它，我们才会感悟共同的魂魄；只有开发和利用它，我们才会拥有共同的未来！

# PINPAILIANGDIAN 品牌亮点

　　抗战初期，诗人光未然在吉县受壶口瀑布的感染和启迪，创作出《黄河大合唱》的歌词，冼星海迅速谱曲，使之很快地就回荡在祖国的广阔天地之间，激励着中华儿女"冒着敌人的炮火"，走向前线，奔赴战场，用热血和生命去迎接胜利与解放。《黄河大合唱》由《黄河船夫曲》、《黄河颂》、《黄河之水天上来》、《黄水谣》、《河边对口曲》、《黄河怨》、《保卫黄河》、《怒吼吧！黄河》8个乐章组成，大合唱的豪放旋律和磅礴气势，正像壶口瀑布似的使人震撼，令人折服，不时地叩击着我们的心灵，熔铸着我们的魂魄。今天，在"转型发展，赶超发展，跨越发展"的号角声中，请让我们与黄河一道奋然前行，将她那奔流不息的激浪再一次地化作音符，谱写出新的讴歌"黄河之魂"的"黄河大合唱"！

## 第一乐章　边关壮歌

　　偏关的老牛湾、偏头关长城、万家寨水利枢纽、宁武的汾源灵沼等，组成黄河雄浑的边关壮歌：

　　黄河奔流不停步，到此告别内蒙古。入晋喜与长城会，老牛湾里浪飞舞。

　　古堡烽火化炊烟，民族融合赞和睦。万家欢乐迎宾客，汾源灵沼沁肺腑！

## 老牛湾

老牛湾在偏关县境内，蜿蜒的黄河从内蒙古准格尔旗流经此处，向东南拐了一个弯，当地百姓形容这个弯拐得如老牛横身一般，故称老牛湾。结合神奇的传说，民谣这样唱道："九曲黄河十八弯，神牛开河到偏关。明灯一亮受惊吓，转身犁出个老牛湾。"因为黄河是从老牛湾进入山西的，故也称它为"山西黄河第一湾"。

这里原本是明朝的一座屯兵古堡，为宪宗成化三年（1467）所建。古堡坐落在峡谷的悬崖峭壁上，最险之处当属一面半圆形的危崖，如同一柄弯曲的利刃插入黄河，令人望之胆战心惊，故称"阎王鼻

黄河老牛湾

子"。"阎王鼻子"上面有号称"天下第一墩"的烽火台,即著名的望河楼,也称护水楼。这座保存完好的墩台,好似一员威武的猛将,千百年来忠诚地守卫着黄河。现今已经成为此间最引人注目的标志。

老牛湾又是晋陕蒙大峡谷的开端,故有"大峡谷天然盆景"的美誉。老牛湾还因长城与黄河在此交汇而名闻天下。黄河到这里停止了喧嚣,长城在此处也熄灭了烽火。儒家的宽厚仁爱,道家的飘逸超脱,佛家的慈悲雍容,在老牛湾达到了完美和谐的统一,给人以亲切而又深刻的启迪,成为炎黄子孙面对黄河与长城,用以寄托民族情感的精神圣地。

1998年,万众瞩目的黄河万家寨水利枢纽工程,在距离老牛湾不远的晋蒙交界处竣工落成后,老牛湾便成了万家寨水利枢纽上游的库区,黄河水位比原来增高了几十米,水体也由原来的浑黄变得墨绿,形成了"黄河映长城"、"高峡出平湖"的壮美景观,极具观赏性和实用性。如今的老牛湾景区,还包括有四座塔湾、包子塔湾和杨家川小峡谷三处。

## 偏头关长城

清顾祖禹《读史方舆纪要》云:"外壮大同之藩卫,内固太原之锁钥,根抵三关,咽喉全晋。"所说"三关"即雁门关、宁武关、偏头关,合称"外三关"。三关中只有偏头关与黄河相邻,因其地形东仰西伏,如人首之偏侧,被形象地称作"偏头关"。早在五代

黄河长城（偏关）

及宋朝年间，就于此间置偏头砦，金元时改称关。明朝政府更加重视关隘的设防，将原有的偏头关西移，直临黄河。从洪武至万历年间，先后修筑长城达18次，称作"边墙"或"次边"。洪武二十三年（1390）由镇西卫将士创筑城池后，改置偏头所，为太原镇总兵驻地。后经宣德、正统、天顺、成化4次扩建加固，并在关城周边修筑了4道边墙，成为守护边塞的一道重要关隘。明宪宗成化年间山西巡抚何乔新有《吟偏头关》诗曰："雄关鼎宁雁，形势独开张。地控黄河北，山连紫塞长。"偏头关始称"九塞屏藩"、"三关首镇"。如今，四道边墙大部分的夯土犹存，随山据险，蜿蜒曲折，巍峨起伏，好似矫健的黄龙逶迤盘旋于群山峡谷之中。现存边墙最佳处在黄河岸桦林堡地段，约 30 千米，全部砖石包筑。关城中央有始建于明正统十一年（1446）的鼓楼，为关城的瞭望哨和制高点，俯瞰黄河，遥望大漠，视野开阔，雄浑豪放。明代进士崔镛有《偏头关》诗云："半壁孤城水一湾，万家烟火壮雄关。黄河曲曲涛南下，紫塞隆隆障北环。"明清两朝，偏头关既是金戈铁马的战争时期三晋西北的首要门户，又是鼓瑟吹笙的和平年代民族互市的通商口岸。清乾隆八年（1743）任宁武府知府的魏元枢有《关内外纪事》诗云："连天阡陌新畴拓，卧草牛羊野性闲。王化只今敷海外，何须亭喉出云间！"如今，关城、边墙、堡寨早已失去了其初始的作用，但是作为珍存的文化遗迹，却是最好的历史见证。黄河掀起的激浪，让我们学会了坚毅；长城熄灭的烽烟，让我们热爱着和平；边墙游牧的牛羊，让我们迎来了融合；堡寨商贸的繁华，让我们珍惜着和谐。这一切，均已化作蓬勃奋发的民族精神，激励我们向着辉煌的目标奋进！

## 万家寨水利枢纽

万家寨位于偏关县城西北 30 千米处的黄河岸边，与内蒙古的准格尔旗隔河相望。这里自古就是边关要塞，历来为兵家所看重。

明代万历年间兵部尚书万世德的远祖万杰，当年就是为防止蒙古军队的入侵，奉命在此修建要塞、戍守边关的，之后便在此定居，永留边陲，世代繁衍，遂成村落，因多为"万"姓后裔，便以"万家寨"为名。

万家寨地处晋陕蒙峡谷的北段喇嘛湾到龙口之间，黄河在这一

万家寨水利枢纽

段的落差有百米之多，再加上这里的地势险峻，河床狭窄，水流湍急，具有极其丰富的水利资源。早在 20 世纪 50 年代初，在此筑坝发电的计划就已被列入国家黄河梯级开发的项目。后因"文化大革命"而耽搁，直到 1993 年 5 月才正式动工，包括万家寨水利枢纽和万家寨引黄工程两大部分。

枢纽工程是修建一座高 90 米的拦河大坝，库容 8.96 亿立方米。坝后建一水电站，装机容量 108 万千瓦，年发电量 27.5 亿千瓦。引黄工程设计年引水总量 12 亿立方米，其中南干线向太原年供水 6.4 亿立方米，北干线向朔州、大同年供水 5.6 亿立方米。输水线路总长 451.9 千米，其中隧道就有 192 千米，为国家和山西省的重点建设项目之一。

现今的万家寨上游已变作了高峡平湖，如明镜般光洁，引人注目；似翡翠般墨绿，令人神往。有诗赞曰："晋地西北多缺水，久盼引得黄河来。前瞻设计图宏伟，后继攻关志豪迈。安澜此日洪涛静，建坝今朝笑颜开。高峡平湖风光美，欢乐岂止万家寨！"如今，偏关万家寨、河曲龙口、保德天桥三座水电站已连成一线，形成一条独具特色的黄河水利工程旅游线路，吸引着越来越多的人前往游览。

**汾源灵沼**

在三晋大地，有两首歌最为人们所熟悉，这就是《人说山西好

宁武天池

风光》和《汾河流水哗啦啦》。两首歌都唱到了"汾河"，表达了山西人民对"母亲河"的热爱与颂赞。《山海经》载："管涔之山，汾水出焉。"汾河之源就在宁武县城东寨镇管涔山麓西楼子山下，汾河之水由此向南纵贯山西，流经静乐、太原、介休、灵石、霍州、临汾、河津、万荣等市、县，在禹门口以下汇入黄河。虽然宁武县并不靠近黄河，但汾河作为黄河的第二大支流，同样有资格加入"黄河大合唱"的团队中。来到汾源，映入眼帘的是周方6.5米的水塘，塘上石壁悬有石雕龙头，汾水即从龙口中源源不断地喷涌而出，流量为每秒0.2～0.4立方米。此间还耸立刻有"汾源灵沼"大字的石碑，格外引人注目。汾源也被誉为"晋地之根"，以其丰富的水源，滋润着三晋的土地，养育着三晋的人民。因汾源泉流在山谷中回响，

宁武东寨汾河之源

声若雷鸣，所以明正德十三年（1518）在此建寺时，取名"雷鸣寺"。后不断扩建，成为集殿宇、楼阁、厢房等近200余间的规模宏大的建筑群，时为晋北古刹，远近闻名，可惜在20世纪70年代被全部毁掉。改革开放以来，陆续在废弃的遗址上新建了汾源阁（内有水母殿、台骀殿、广济菩萨殿）、汾源博物馆等。汾源广场上还竖立有"饮水思源碑"和"治汾十年纪念碑"，表明了三晋人民对"母亲河"的感恩之情与报答之心。如今的"汾源灵沼"又以崭新的面貌出现在世人面前，还与同在宁武的"中国最早的高山湖泊——天池"、"全球温带地区唯一的万年冰洞"、"世界珍禽褐马鸡栖息群居的故乡"、"北方罕见的花岗岩奇山芦芽山"、"北方罕有的奇观——悬棺群"、"惟妙惟肖的支锅奇石·象顶一品石"等，共同绘制出了一幅极具魅力的壮美画卷，吸引着更多的中外游客前来观赏览胜。

## 第二乐章　河曲放歌

河曲的娘娘滩、弥佛洞、民歌及二人台、西口古渡、河灯会等，构成黄河歌的海洋：

河之曲，曲之河，河涌浪翻曲自多。河灯诱人频闪烁，曲牌动心细斟酌。

古渡西口起烟波，娘娘滩上生春色，二人台啊唱不尽，河曲放歌曲成河！

## 娘娘滩

河曲县在黄河东岸，隔河相望，西南是陕西，西北是内蒙古，旧时有"河曲金鸡鸣，三省九县听。黄河一道水，两岸共月明"的民谣。人说黄河九曲十八弯，河曲就以"河"之"曲"而为名。河曲，一个赋予形象的名字；河曲，一个充满诗意的名字。河曲，一条雄浑的河；河曲，一首壮美的曲。作为农业文明与游牧文明的结合地，河曲还是一首文明相融的壮丽交响乐。娘娘滩，既是这河中的一块神奇绿洲，又是这曲中的一支深情老歌。她实际是一座小岛，位于县城以北的黄河中。河水到此绕岛东西两侧而下，使滩突起于两股水龙中央，恰似二龙戏珠中的那颗明珠，有"塞上绿岛"、"天下黄河第一滩"美称。

相传，汉高祖刘邦去世后，称制的吕后极其残忍。被贬到代王封地的薄姬与其子刘恒，为逃避杀身之祸，在"龙城飞将"李广的保护下，来到了这座荒滩孤岛。吕氏被灭后，迎立代王刘恒登基，是为文帝。岛上遂建起娘娘庙，祭祀新帝之母薄太后，娘娘滩也由此得名。这里的确曾发掘出汉代建筑的夯基，也曾挖出隶书所写"万岁富贵"字样的瓦当，字迹清晰，古色斑斓。不过汉文帝与母避难于此之说，于正史无载。现今岛上的人家户户姓李，自称是当年护送薄太后母子到此的名将李广的后裔。每年农历五月初五在此举办庙会，祭祀圣母娘娘。

娘娘滩岛上花繁树密，格外清幽，仿佛蓬莱仙境。千百年来，这里阡陌纵横，田畴交错，鸡鸣犬吠，炊烟袅袅。人们和谐相处，亲如兄弟，谦恭礼让，与世无争，有如世外桃源一般，既令人感叹，更令人神往。由娘娘滩上溯十数里，又有一处岛屿，相传是当年代王刘恒所居之处，故称太子滩。事实上，太子滩险峻异常，通常无人问津。世人只不过借其与娘娘滩遥相呼应的地理特点，演绎并传播出一段母子患难、相携情深的动人故事。清曹春晓《娘娘太子滩》诗云："黄河迤逦渺无端，忽向中流露两滩。麦穗连云迷雁字，杨

娘娘滩

花坠雪冒渔竿。平安惯引扁舟渡，富贵时寻片瓦刊。太子娘娘看不见，至今犹说汉宫残。"

## 弥佛洞

位于河曲县城东北 25 千米石城村北的悬崖绝壁上，有"黄河胜境"之誉。分为上、下禅院，入上院可见"石径禅院"匾额，门口两侧有石刻联语："古洞无灯凭月照，山门不锁待云封。"生动地表现了禅院的宁静与清幽。上院窑中砖石墙壁上，原有精湛的浮雕刻画，其中 10 幅与古代戏曲有关，如《白蛇传》的游湖，《打金枝》的上殿，《渭水河》的钓鱼，《牧羊圈》的舍饭等等，被专家学者视作重要的戏曲文物珍品，已被载入《中国戏曲志·山西卷》。

要进下院，须先穿过一个狭小的石洞门，如同进入一个露天的石窟，可见依山而凿的石洞，然后顺石壁小道的台阶慢慢走下，刚刚站稳便见与之衔接的羊肠石径，顿时更加谨小慎微。沿弯弯曲曲的石径前行，途中要过一座 2 尺宽、1 丈长的独木桥。桥下是深不可测的悬崖，头顶是刀劈斧砍的峭壁，令人俯仰间心惊目眩，每每手足并用，方敢举步。过得独木桥，又是一个石门小洞，上刻"悬空界"三字，见之深感"路悬桥悬心犹悬，窑空门空目莫空"。

过了"悬空界"，再走一段，就可看到"弥佛洞"了。这原本是陡壁险峰上的一处天造地设的石洞，其高宽深各约 3 丈，洞中怪石倒垂，犬牙交错，人进至洞里，有如进到虎口，依然有些心惊肉跳。见到石制供桌后的石雕弥勒佛像后，这才定下神来，情不自禁地说一声"阿弥陀佛"。因为这里上下游都建了水电站,所以昔日洞前深谷的黄河惊涛已不可见,取而代之的则是碧绿清澈的高峡平湖。"弥佛洞"如同一位历史老人,会告诉前来此处的人们说:"黄河之魂"不光有无畏的拼搏意志,还有无私的奉献精神!

### 民歌之乡

民歌是最早反映劳动人民生活与当地风俗民情的重要文艺形式。孔子删定的《诗经》,为我国最早的民歌总集。所选《唐风》、《魏风》19篇,便是山西的古代民歌,其中的《伐檀》、《硕鼠》,享有盛名,影响极大。河曲是"元曲四大家"之一白朴的故乡,这里素有"民歌海洋"的美誉。旧志中所记明代河曲"户有弦歌新治谱,儿童妇老尽歌讴"之语,足以证明河曲的民歌有着悠久的历史。其实在更早的唐宋时代,河曲民歌就已经很流行了。但真正的盛行,却是在明末清初的动荡乱世。不幸的年代、恶劣的环境、特殊的地域、苦难的经历,让河曲人在空旷的荒原上放开歌喉,随呜咽的黄河水倾吐心声。这些被当地人称之为荒腔野调的山曲,唱出了亲人的离别与思念,唱出了生活的悲苦与艰辛,唱出了期望的欢乐与追求,形成了河曲人世世代代爱唱民歌的风尚,形成了河曲人老老少少会唱民歌的传统。

1953年冬,中央音乐学院民族音乐研究所工作人员首次到河曲采录民歌,短短3个月就记录了1500多首民歌唱词以及150多种音乐曲调。河曲民歌恰当地运用本地方言土语,并借鉴外地秧歌、爬山调等多种演唱形式的长处，创造出独具一格的"酸捞饭"风味，即妇孺皆心领神会，百姓均喜闻乐见。通常是上句起兴，下句言情，往往一个上下句就能揭示出一种深邃的感情状态，或描绘出一种逼真的生活画面。河曲民歌的曲调则运用并置、呼应、对比等两句体，蕴含着丰富多彩的美学风韵。2006年，河曲民歌被列入第一批国家级非物质文化遗产名录，河曲县也被中国文联中国民间文艺家协会命名为"北方民歌之乡"。如今在河曲，几乎每一个人都是地地道道的民歌手，他们在传承中发展，在发展中创新，让我们在领略原始古朴黄土高坡生活气息的同时，又能感受到醇正厚重黄河文明的亮影新光。

## 二人台

河曲二人台是在民歌极为盛行的基础上发展起来的。最初称"打坐腔"，即把原本在田野山涧所唱的山曲，变作人们于冬闲季节围坐演唱的形式，后发展成伴随音乐手舞足蹈的"打玩艺"，于民俗节日挨门逐户进入院内表演。传统剧目《打后套》中这样唱道："大清国出真龙，乾隆爷爷把基登，登基后出了戏一宗，这宗戏出在山西凤凰城。"旧时河曲县城依山临涧，蜿蜒曲折，据高控险，势若长虹，有如"凤凰单展翅"，故有"凤凰城"之喻。就从清高宗登基的乾隆元年（1736）算起，河曲二人台最少也有270余年的历史了。不过直到清光绪九年（1883），二人台才结束了二人走唱的表演形式，第一次登上了戏曲舞台，逐渐发展成为多人演唱的舞台剧。

曲调多达 200 余种，伴奏乐器有笛子、四胡、扬琴、四块瓦等。因旧时河曲艺人四处卖艺为生，二人台得以在内蒙古、陕北以及河北张家口等地流行。

二人台以语言通俗、形式活泼、曲调丰富为群众所喜闻乐见，经久不衰。最显著的特点是它的现实性、生动性和通俗性完美结合。其内容主要是揭露旧社会的腐朽黑暗和反映当时劳动人民的苦难生

二人台

活，歌唱青年男女的婚姻爱情以及表达对美好幸福生活的憧憬。二人台的剧目，分为"硬码戏"和"带鞭戏"两类。"硬码戏"以唱功为主，偏重唱、做、念，故事性较强，委婉细腻，长于抒情。代表作有《探病》、《打樱桃》、《走西口》等。"带鞭戏"又称"火炮曲子"，特点是歌舞并重，舞蹈性较强，基调欢快奔放，边舞边唱，渐至高潮，突然切板，演员做造型而结束。代表作有《挂红灯》、《十对花》、《打金钱》等。作为文艺百花园中的一朵艳丽奇葩，二人台不仅受到百姓的欢迎，同时也得到国家的重视。河曲县被文化部命名为"中国民间文化艺术之乡"，河曲二人台也被列入第一批国家级非物质文化遗产名录。

## 走西口

据《河曲旧志》载：明末清初，"本境地瘠民贫，仰食于口外者无虑数千人。"当时又有民歌曰："河曲保德州，十年九不收。男人走口外，女人挑苦菜。"河曲因人多地少，十年九旱，加之苛捐杂税颇多，百姓苦不堪言，遂背井离乡，寻求活路。当时，黄河在这一带无桥，晋、陕、蒙三地之间的贸易往来完全依赖黄河水运。河曲县城附近的长城隘口——水西门口外，便成为晋西北重要的水旱码头。所谓的"走西口"，就是指走出水西门口，然后登舟过河，外出谋生。就在这年复一年的洒泪离别的走西口中，流淌出一曲撼人心魄的《走西口》。

《走西口》是二人台硬码戏中最具代表性的剧目。创作于清咸

走西口

丰五年（1855），反映遭遇连年旱灾之后，太春和玉莲这对新婚夫妇为生计所迫而忍痛分离，突出送别时的反复叮嘱，表现难分难舍的全部过程。《走西口》以细节出彩，以真情感人。加之曲调也日趋完美，听来如泣如诉，缠绵凄恻，具有极强的艺术感染力。《走西口》不论是整场戏表演，还是作为一曲民歌单唱，百余年来久演而不衰，除了它在艺术上精益求精取得成功外，更主要的还在于走西口这一史实本身，极易引起那些当年走西口创业者以及其后裔们在思想上的追忆、感情上的共鸣。

如今的《走西口》，不再单单是河曲老乡常常挂在嘴边的山曲，它已经成为一个著名的文化品牌。继京剧、电视剧《走西口》先后问世并取得重大反响后，为使有浓郁黄河风情的"走西口"文化再一次走向全国，正在精心制作更加吸引人的立体盛宴，这就是开拍25集的中国首部原生态民歌音乐电视连续剧《西口情歌》。该剧的策划、编剧和导演一致表示，要让观众在近距离地欣赏原汁原味的河曲民歌和二人台的同时，真正感受昔日恶劣生存环境中未曾消失的人间刻骨铭心的大爱，以及悲凉凄苦中所孕育欢乐和希望的人性之真善美。

## 西口古渡

位于河曲县城黄河大街西段黄河东岸，旧称"水西门口"，是昔日河曲水陆物贸的重要渡口，也是河曲先人外出谋生的始发之地。所谓的"走西口"，就是指走出"水西门口"。据旧志载，汉桓帝时有富商携重金行至此不幸亡故，管理渡口的"津长"将其埋葬。之后富商的儿子寻父到此，津长便将富商所遗财物悉数归还。桓帝闻之赞叹道："君子也！"水西门口一度改称"君子津"。隋唐一直沿用，宋庆历年间在此设榷场，直接与契丹、辽、夏等进行通商贸易活动。清顺治年间，为防止汉、蒙两地民众联合抗清，遂设隔离区，禁止两岸百姓商贾来往。直到康熙三十六年（1697），这才允准鄂尔多斯头领之请，"河保营"（县城旧称）始与蒙民交易，又准沿河汉民去河套耕种。故五方杂处，兵民繁错，成为交会往来的通衢重地。一时商贾辐辏，船帆云集，市井繁华，于斯盛焉。乾隆十六年（1751）于此建禹王庙（俗称河神庙），"斯土居民饮馔久蒙其泽。黄河之水自东北而下，狂澜之发而无泛滥

西口古渡（河曲）

之忧，成胜境也！"

　　在未曾于黄河上架设桥梁的数百年间，"水西门口"是"一年似水流莺啭，百货如云瘦马驼"的水旱码头，为晋、陕、蒙三地之间的人员流动、贸易往来发挥了重要作用，立下了不朽功劳。2002年，河曲县政府投资，新建了西口古渡广场。观河亭巍峨高耸，飞檐斗拱，雕梁画栋，极有气势。草坪花圃，艳丽夺目，更有音乐喷

河曲西口古渡广场

泉，喷珠溅玉，令人心花怒放。昔日的旧庙披上了盛装，古老的渡
口焕发了青春。这里已成了寻幽探秘的历史遗迹，同时又变作生机
盎然的旅游胜景，还是当地民众赏心悦目的活动中心。人们可在此
登高远眺，临风抒怀；或泛舟畅游，纵情漂流；或凭栏垂钓，自得
其乐。沿袭传统，每年的农历三月十八为祭祀日，七月十五是古庙
会。届时，禹王庙张灯结彩，广场上锣鼓喧天，对岸毗邻的蒙、陕
乡亲们也纷纷划船而来，热闹非凡，盛况空前。诚如古戏台上的那

副联语所写："一船风拥入这般风景；三乡情溢出那段情由！"细细品味，妙不可言。

## 河灯会

河曲河灯会的历史悠久，独具特色。据明神宗万历二十六年（1598）邑人苗朝阳所纂修《河曲县志》载，早在明孝宗弘治十三年（1500），时任知县的李邦彦即率众为祭奠大禹而放河灯。后相沿成习，延续不断。如果说河曲民歌是先人们留给后代的精神财富，那么放河灯则是后人们对逝去故人的真诚祭奠。旧时，河灯会在每年的农历七月十五举办。届时首先举行隆重的仪式，祭奠大禹。其后在僧人的诵经声中，民众把用红油浸泡过的河灯纸船供于神龛之前，祈求神禹消灾免难，保佑风调雨顺。晚上，黄河的河运组织河路社、渡口社、炭船社等举行大规模的放河灯活动，追悼亡灵，祈求平安。整个活动持续三日，除了每天晚上放河灯外，还有戏曲演出助兴。河曲河灯会是禹文化、鬼神文化及走西口文化结合的产物，随着历史的发展，已成为晋、陕、蒙三地民众的传统习俗，也是当地百姓的一个盛大节日。

作为过去河曲人单一表达祭奠的河灯会，如今已成为当地民众与周边乡邻用于祈福祝愿并展示民间艺术的一项重要文化活动。每年于农历七月十四至十六日举办，地点就设在新修建的西口古渡广场的黄河中段。与昔日每晚只放 365 盏河灯有所不同，现在的河灯会三天晚上累计共放 3650 盏河灯。每当夜幕降临之时，人们便开始把河灯放入黄河水中，黄河顿时变得热闹非凡，极为壮观。众多精心制作的河灯，汇成闪闪发光的彩带，顺着水流向下游漂去，如点点繁星，似颗颗明珠，捎去了对祖先的怀念，寄托着对未来的期盼。伴随着河灯的入水，流光溢彩的焰火也腾空而起。可谓是：礼花朵朵空中开，河灯盏盏水里漂。人影簇簇岸边拥，鼓乐声声心上敲！河灯会流水板整日不息，如掀热浪；古戏楼二人台至晚犹唱，再起狂潮。2008 年，河曲河灯会被列入第二批国家级非物质文化遗产名录。

## 第三乐章　古镇新歌

黄河进入吕梁地界，碛口古镇、西湾村、李家山村、柳林盘子会、九曲黄河阵、中阳剪纸等，用厚重的历史诉说着当代的新歌：

才识龙吟碛口美，又见虎啸黄河壮。物阜民熙称富足，河声岳色赞坚强。

柳林盘子会喜庆，中阳剪纸任嘉奖。吕梁英雄写春秋，古镇新歌唱辉煌！

### 碛口古镇

位于临县县城西南 50 千米处，黄河由北而来，湫水从东而至，卧虎山横亘在北，黑龙庙雄峙于东。山的险峻，河的雄浑，形成了"虎啸黄河壮，龙吟碛口美"的壮丽图景。这里自古即为兵家要冲，

明清以来凭借黄河水运，一跃而成为我国北方著名的商贸重镇，因它东连太原、北京和天津，西接陕西、甘肃、宁夏、内蒙古，优越的地理位置使之成为应对自如的重要枢纽，并在很长的一段时期内，占据着北方商业重镇的龙头位置，从而享有"九曲黄河第一镇"的美誉。

碛口的崛起与繁荣，皆缘于此间大同碛的惊险阻隔。大同碛是一段半公里长的暗礁，落差十余米，水急浪高，船筏难渡，素有"黄河行船，谈碛色变"之说。黄河上游下来的商船，只好在此抛锚卸货，改用陆路转运。由此，碛口便成为黄河水运的中转站，从清乾隆年

黄河岸畔的碛口古镇

间开始大规模修建。鼎盛时期，码头上每天过往的船只就达150艘之多，镇上的商号店肆多达300余家。时有对联赞曰："物阜民丰小都会；河声岳色大文章。"歌谣"驮不尽的碛口，填不满的吴城"至今仍在流传。

抗日战争、解放战争时期，碛口又成了华北通往延安的主要运输口岸。当时镇内建有军工厂、服装厂，为提供部队所需物资和促进边区经济发展，为中国人民的解放事业做出了不可磨灭的贡献。

碛口

1948年3月23日，毛泽东、周恩来、任弼时等老一辈无产阶级革命家，率领中央机关和解放军总部离开陕北延安，奔赴河北平山西柏坡，东渡黄河后曾夜宿于碛口。现镇内矗立着东渡黄河纪念碑，还设立有毛泽东路居馆等，这些都是进行革命传统教育的珍贵文物和生动教材。

碛口古镇完整地保存有数量丰富的明清时期的建筑，有货场、客栈、票号、当铺、庙宇、民居、街道、码头，几乎涵盖了古代民间漕运商贸集镇的全部类型，被称为"活着的古镇"，极具文物保护意义和旅游开发价值。碛口是一处集晋商文化、黄河风光、革命纪念地、黄土高原风貌、民俗风情博物馆为一体的大型综合景区，现已被评为中国历史文化名镇，还是世界文化遗产基金会公布的"2006年世界百大纪念性建筑"之一。新荣誉带来新机遇，可谓是：古镇碛口，异彩纷呈情韵悠；碛口古镇，品牌响亮宏图新！

## 西湾村

位于临县碛口镇东北2千米处，因坐落在侯台镇村西侧的山湾里，故名西湾村。左邻湫水河，右傍黑龙峁，背靠眼眼山，是一处依山傍水、避风向阳的古朴村落，当年随碛口镇的发迹而一并崛起。村内居民以陈姓为主，始祖陈师范于明朝末年从方山县迁徙至此。据清咸丰八年（1858）陈氏《思孝堂碑》载："先祖陈师范艰难创业，历代子孙经商有方，持家有道，家业经久不衰。"至陈氏第四代孙陈三锡时大兴土木，先后修建了东、西两组院落，人称"财主院"。经陈氏家族10余世共200余年的修葺与扩建，始成今日之规模。现存传统院落30余处，横为两条街，竖有5条巷。整个建筑群既各自独立，又相互贯通，只要进入一个院落，就可通过相连的小门游遍全村，真可谓"村是一座院，院是一个村"，有很好的实用性和极强的防御性。

现存较完整而又最具代表性的一处民居即"东财主院"。此院由东西两组建筑构成，规模宏大，颇有气势。每组四进院落，随山势逐渐升高。西湾村的明清民居建筑风格依据《老子》所说"万物负阴而抱阳，冲气以为和"的原则并付诸实践，充分体现了天地人和谐统一的思想，又有浓郁的黄土文化特色，极具研究与观赏价值。2003年11月，西湾村被评定为首批中国历史文化名村。

西湾村民居

沿黄河古村落、古民居

比例尺:1:2 700 000

图 例

古村落
古民居

## 李家山村

这是又一处中国历史文化名村，位于临县碛口镇南 6 千米。原名陈家湾，后因李氏迁入并逐步兴盛而改作今名。据《李氏宗谱》载，始祖李端于明成化年间（1465 — 1487）由临县上西坡村迁来。李氏家族最初专门喂养骆驼，并组织驼队运送货物，苦心经营，日渐丰裕，兼营其他，进项更多。晚清至民国年间，时值碛口商埠繁华，李家也倾力投身经商，光在碛口经营的项目就有钱庄、银铺、粮行、皮店、客栈、杂货行、医药铺、丝绸布匹店等十几种，殷实富足后的李家人开始陆续修建新的李家山村。

李家山村毗邻黄河，村中向南偏东或向南偏西各自延伸出一道山沟，当地人称之为"凤凰展翅"。于是村中的主要建筑重点在"凤首"及其"两翼"地带。民居以窑洞为主，属黄土高原"明柱厦檐高圪台"的风格，依山就势，高低叠置，错落有序。村中共有近百座宅院，具有代表性的是"后地院"、"新窑院"、"桂兰轩"、"东财主院"等。这些民居建筑中还保存有大量精美的木、石雕刻，以及文采激扬、意趣盎然的匾额楹联。

李家山村自然风光与人文景观的交相辉映，深深地打动了著名画家吴冠中的心，他充满激情地说："我在山西有一个重要发现——临县碛口李家山村。这里从外面看像一座荒凉的汉墓，一进去是很古老很讲究的窑洞。古村相对封闭，像与世隔绝的桃花源。这样的村庄，这样的房子，走遍全世界都难再找到！"如今这里早已告别了"荒凉"与"封闭","桃花源"依旧,只是不再"与世隔绝"。这座蕴藏着黄河文化精髓与黄土风情真韵的"立体村落",越来越引起有关部门的重视,越来越引起中外游人的兴趣。

## 柳林盘子会

位于吕梁山区、黄河岸边的柳林,晚清时期随着商业的兴起,这里曾是著名的商品集散地,流行数百年的独特民俗活动"盘子会"也日渐为人所知,远近闻名。所谓"盘子",可用"浓缩的庙宇,放大的神龛"来形容。通常高二至四米,长三至五六米,形制状若

柳林盘子会

三开间的庙宇，屋顶有檐有脊，构架有梁有柱，雕梁画栋，富丽堂皇。中间摆面供，入深二米许，两侧开间略狭窄，俯瞰如"凸"字形。盘子的制作是集建筑、雕刻、绘画、面塑为一体的民间艺术。"盘子"在一代又一代的柳林能工巧匠手中，由最初的简单粗糙日渐走向精致华美，现已成为山西民间工艺品百花园中的一朵奇葩。

盘子会至今保留着明清以来民间纠首的组织形式。每年正月上旬，由新轮换的纠首负责整修盘子。正月十二将盘子从库中取出，运往既定地点组装和摆供。正式盘子会一般从正月十三开始至正月廿六结束，正月十五元宵节前后达到高潮。届时人们摆好供品，点燃香烛，祭祀祈愿。盘子会是当地人一年中持续时间最长、场面最为盛大、内容最为丰富的民间节庆活动。值得一提的是，盘子会始终局限在柳林城区以及城乡交界的穆村一带，数百年来从未向外延伸，这就更加增添了盘子会的神秘魅力，也使它在黄河文化的地域性特色方面更具典型意义和研究价值。

柳林年代最早、保存最好的盘子，当数穆村镇沙曲村雷家前头（地名）的那座，制作于清光绪二十六年（1900），虽已历经了百余年的世事沧桑，却是风骨犹存，豪情依旧，堪称 20 世纪末陆续制作的百余座盘子的老祖父。柳林盘子会初始因神而起，之后因地而兴，继而因时而日趋繁盛，现今更因人而终集大成，焕发出勃勃生机。柳林盘子会将历史与现实自然融合，成为植根于黄土高原的东方民俗艺术之树绽放的艳丽花朵，引人入胜，沁人心脾，永不凋谢，大放异彩！

## 九曲黄河阵

　　亦称"灯游会"、"平安灯"、"九曲阵"等，因其所设三回九转线路代表天下黄河九十九道弯而得名。这一民俗活动流行于晋、陕二省各地，其中以柳林孟门的较为有名，已被列入国家级非物质文化遗产名录。孟门是位于柳林西北与黄河接壤的一座古镇，旧时

九曲黄河阵

的"柳林十景"中，就有"孟门烟雨"和"黄河晚渡"。孟门还是大禹治水中开凿的第一道门，现今在这里已发现"大禹石"、"蛟龙壁"、"禹父鲧石像"等遗迹。此间文化和民俗既丰富多彩，又保留其原生态。"九曲黄河阵"就是最具代表性的民俗活动之一。相传来源于商周故事：三霄娘娘为其师兄赵公明报仇，特设此阵与周武王、姜子牙决战。因阵中弯转曲折，误入歧途者九死一生，曾为历代兵家所采用，又因启智、益趣、助兴、祈福等诸多缘故，使之得以流传，成为民间元宵节前后最为热闹有趣的一项年俗活动。

届时，在宽敞的河滩上，按规定图形竖起代表全年天数的365根2米左右的灯杆，上置五色彩纸制的灯托，内燃灯烛（现改为电灯），点亮后寓意天天通顺，日日光明。杆与杆之间以绳索或彩灯连接组成九曲通道，阵的中心又立一根高达数丈的老杆，阵旗在上高悬飘舞。入口处搭装彩门，垒燃旺火。及至夜晚吉时，三声炮响，手提自制彩灯的男女老少，在欢快的锣鼓、唢呐声中，随着走在最前面的伞头秧歌，相继走入其中，开始兴奋地观灯转阵，倘若迷途则为失败，须从头开始再游。最后进阵的是龙灯队，转至老杆时，燃花放炮，笙鼓齐鸣，全场群情激昂，欢声雷动，活动达到高潮。当地民谚："摸摸老杆，祛病延年。""转了九曲阵，一年交好运。"古老而又新颖的九曲黄河阵，让人们在欢歌笑语中辞旧迎新，更加赞美黄河，更加热爱家乡。祝愿幸福的生活如同黄河那样奔流不息，祈盼美好的理想胜似灯花那样明亮辉煌！

## 中阳剪纸

中阳县位于黄河中游黄土高原的吕梁地区。这一带的民俗风情，古老淳厚，和谐质朴，既连着黄河文化的根脉，又连着黄土文化的经纬，其中最为典型的当属剪纸。中阳剪纸内容丰富，花样繁多，蕴藏着大量极具历史文化价值的图腾符号，呈现出远古人类童稚古朴的生活情趣和艺术造型的原生态，许多纹样还被誉为"历史的活化石"。中阳剪纸也因此被列入国家级非物质文化遗产名录。

中阳剪纸为当地百姓所喜闻乐见，深深植根于群众生活之中，成为世代传承、精心培育的民间艺术之花。主要分布在县境内的南川河流域、刘家坪地区以及西山边远山区。南川河流域剪纸的特点

中阳剪纸《龙泉湖》

是古朴典雅、细腻精致，在中阳剪纸中占据重要地位。刘家坪的剪纸则以刚健淳朴见长，西山边远山区的剪纸又以粗犷浑厚突出，与南川河流域剪纸的主流风格相依相存，相映生辉，使中阳剪纸更加丰富多彩。

中阳剪纸与当地的传统民俗文化骨肉相连，与日常的劳动与生活密不可分，不论剪纸是用做窗花、门签，还是用做神幔、礼物等，其内容多取材于民间故事及神话传说，形式常借助于花草树木与飞禽走兽，目的皆服务于岁时节令与人生礼仪。剪的虽然是一张纸，可看到的却是一双手、一颗心、一片情。小小的剪纸，表达的则是对信仰的追求，对爱情的祝福，对生活的眷恋，对劳动的赞美。

中阳剪纸的主要作者是当地的农村妇女，剪纸是其日常生活中的一项重要内容。她们在劳动和生活的天地里，用自己灵慧的双眼发现了真善美，然后又用灵动的双手，以朴素的构思、简约的刀笔、流动的线条、大胆的夸张，创作出寓巧于拙、贵在传神的艺术精品，集中表现出她们的聪明才智和审美情趣。中阳剪纸以其古老的文化信息和浓郁的乡土气息，与当地百姓的生活息息相关，必将永放异彩，永吐芳香！

## 第四乐章　壶口赞歌

壮观的乾坤湾、壶口瀑布、威风锣鼓等，用黄河特有的气势，谱写出一曲绚丽的赞歌：

一水中分秦晋异，两山傍峙古今同。水底有龙掀巨浪，岸旁无雨挂长虹。

黄河之魂人称颂，奏响民族最强音。威风锣鼓抒豪情，壶口赞歌壮乾坤！

## 乾坤湾

"乾坤湾"，一个富有诗意的名字。即使没有亲临眼见，仅凭对这三个字的想象，也可知"湾"之形巧夺天工，"乾坤"之意蕴含深邃。"乾坤湾"不是上天所赐奇异的宝物，而是黄河具有灵性的杰作，当她流经永和县打石腰乡时，对这片远古先民生息繁衍的地域产生了浓厚的兴趣，特意放慢了脚步，深情地扭动着身姿，于是形成了一段蜿蜒曲折的河道，呈现给世人的竟是一个天造地设的"S"形奇妙之湾。奇在河山互抱，相映成趣；妙在阴阳合一，日月同辉。于是人们便给这幅旷世绝伦的神奇图案取名乾坤湾，使其成为独具特色的自然文化遗产景观，现今又以"黄河蛇曲"之名定为国家级的地质公园。

"乾坤湾"，一个富有创意的神话。相传远古时，太昊伏羲氏就在此间"仰则观象于天，俯则观法于地，观鸟兽之交与地之宜，近取诸身，远取诸物，于是始作八卦，以通神明之德，以类万物之情"。巧合的是，在"S"形湾的两端，各自有着一个古老的村落，就像黄河巨龙怀里抱着"阴阳鱼"那样神奇。其中的一个村子，直到清朝末年还叫做"伏羲村"，只是到了近代之后，人们才以"羲"与"义"（义的繁体）字相近似，为求简化而改称"伏义村"。另

黄河乾坤湾

外，乾坤湾的周围还有与阴阳八卦相关的青龙、白虎、朱雀、玄武四方标志物及其他传说，更加增添了乾坤湾的历史文化内涵和神秘传奇色彩。

"乾坤湾"，一个富有寓意的美景。凝望乾坤湾，寄情乾坤湾。置身此间，得到的不仅仅是美悦的视觉享受，同时也是清爽的心灵净化，还有对博大精深黄河文化的真切感悟："永和"的地名，诠释出"乾坤湾"深蕴的内涵；"乾坤湾"的奇异，赋予"永和"更加美好的寓意。那就是愿清风永远和煦，阳光永远和暖，河水永远和顺，笑容永远和蔼，心情永远和畅，家庭永远和睦，社会永远和谐。"和"而求之"永"，"永"而使之"和"，这正是"乾坤湾"高扬的旋律、不变的主题。黄河九十九道湾，最奇莫过乾坤湾。"乾坤湾"，万里黄河的一段传奇，永和人民的一张名片，"黄河之魂"的一个品牌！

## 壶口瀑布

位于吉县城西45千米的晋陕峡谷中，对面与陕西宜川县相接。由于河床走势的缘故，黄河水流至此，宽阔的水面骤然收束，变成了汹涌澎湃、势不可挡的激流，开始了亘古不变、永不停息的冲刷、渗透和侵蚀，形成了一道宽约30米的石槽，俗称"龙壕"。黄河至此，变得如同一条桀骜不驯的黄龙，怒吼着直向深不可测的"龙壕"冲去，波翻浪滚，倒悬倾注，"涌来万岛排山势，卷作千雷震地声"，"听之若雷霆之鸣，望之若霓虹之射"，正所谓："源出昆仑衍大流，玉关九转一壶收。"古老的《山海经》早就写道："悬注漩涡，如一壶然。"壶口瀑布之名，盖由此而来。

作为中国的第二大瀑布、世界第一的黄色大瀑布，壶口瀑布以其排山倒海的磅礴气势著称于世，并以深厚久远的文化内涵引人注目。这里既是国家级地质公园，同时又是国家级重点风景名胜区，其图案还被印在1990年版50元人民币的背面。由于四季气候和水量的差异，壶口景色也时有不同，通常以春秋两季为最佳观赏期。春来三月桃花汛，冰消雪融浪喧腾。风卷水珠湿衣衫，惊呼飞涛落千钧。秋风送爽层林染，百川千流壶口吞。水底有龙掀巨浪，岸旁无雨挂长虹。不过，盛夏到此也幸运，谷间雷鸣云烟生。观瀑洞里魂刚定，黄河鲤鱼香诱人。隆冬若来景亦奇，银蛇蜡象皆晶莹。冰

壶口瀑布

桥踏过识胆量，不虚此行赖神功！

黄河两岸的百姓，自古多用木船和皮筏相渡。上游船行至此，为避壶口之险，便预先将船或筏托出水面，由数十人拥簇（现改用拖拉机牵引）沿河东岸向下移动，避开"龙壕"狂涛后再入水行驶。这就是壶口四大奇景中的"旱地行船"和"水里冒烟"，另外两个为"谷涧雷鸣"与"通天彩虹"。现今壶口瀑布景区以此四大奇景为中心向四周辐射，又分作 5 个区段，还可看到"孟门夜月"、"石窝宝镜"、"禹帽夕照"、"管头红叶"等自然景观及"明码头"、"清长城"、"望河亭"、"克难坡"、"人祖山"、"伏羲庙"等人文景点，相映生辉，此间的壮、秀、奇、美，引人入胜，令人陶醉！

有一位诗人面对壶口瀑布，满怀激情地写道："观之，如万马奔腾；闻之，似惊雷行空。浩浩乎，中华民族之文化；荡荡乎，中华民族之精神！"的确，这"文化"凝聚着黄河的古韵，在这里得以尽情地抒发；这"精神"融汇着黄河的灵魂，在此处尽可纵情地飞扬。如果说奔流不息的黄河是一曲雄浑豪放的乐章，那么壶口瀑布就是其发自肺腑的最强音，裂石穿云，震撼人心！如今，在敞开襟怀迎接宾客的壶口石坊上，左边醒目地写着"母亲河"，右边清晰地写着"民族魂"。历史将证明："母亲河"的激浪，将化作我们沸腾的热血；"民族魂"的传承，那正是我们不变的基因。

## 威风锣鼓

诞生于黄河岸边的威风锣鼓有着悠久的历史。《易·系辞上》云："鼓之以雷霆，润之以风雨。"当远古之人还不会钻木取火时，只有靠上天的霹雳闪电获得火种，正是这霹雳启发了绛州鼓乐《秦王点兵》的艺术表演，让人们找到了能发出与之相近声音的鼓。最早

绛州鼓乐《秦王点兵》艺术表演

的鼓，在古人看来，就是雷的化身，神的象征。早在4000多年前，帝尧部落的人们就已经在黄河岸边"击鼓耕田"了，最先开始了艺术源于生活的伟大实践。襄汾"尧都"陶寺曾出土有鼍鼓和土鼓。到了夏朝，锣鼓这一音乐形式便在其原生地平阳（今临汾）一带流行开来。秦汉时期，"出入游猎，旌旗鼓吹"之风在黄土高原上盛行，使得豪迈奔放、多姿多彩的吹打艺术找到了植根的土壤。六朝纷争造成的战事不断和迁徙不停，促成了多民族艺术的交流与融合，使西域的铙钹、胡音沙锣与山西的鼓乐，合奏出了淋漓酣畅的激昂旋律。相传唐王李世民在霍州击鼓出征，鸣锣收兵，进退有序，大获全胜。欢庆胜利的锣鼓，炫耀着将士的威风。威风锣鼓就这样得以形成并流传，主要曲牌多为歌颂唐王功德。

诞生于黄河岸边的威风锣鼓有鲜明的特点，即"威风"八面，享誉四方。这威风正是源自威风凛凛的壶口瀑布。演员同瀑布那样强悍矫健，亢奋激昂；声响如瀑布那样雷霆万钧，震天动地；曲调像瀑布那样奔腾起伏，气势恢宏；场面似瀑布那样雄浑壮阔，惊心动魄；舞姿若瀑布那样酣畅淋漓，洒脱豪放。瀑布的生命孕育出威风的锣鼓，锣鼓的活力尽显着瀑布的威风。于是，融音乐、舞蹈、技艺于一体的威风锣鼓，便成了山西民间鼓乐的杰出代表，被列入第一批国家级非物质文化遗产名录。临汾尧都区还新建了融汇锣鼓神韵的威风锣鼓大桥。得天独厚的威风锣鼓，从壶口瀑布飞溅的浪花里，深情地体悟到黄河之韵；从壶口瀑布不屈的拼搏中，自豪地熔铸出黄河之魂。锣鼓的威风，成了力量的凝聚，激情的释放，民族的呐喊，进军的号令。威风的锣鼓，带给我们的也不光是锣鼓喧天的喜庆，欢欣鼓舞的热闹，更有那大张旗鼓的筹划，一鼓作气的奋勇，让我们在威风锣鼓的激励下，向着光辉的目标赶超、跨越，永显威风！

## 第五乐章　龙门颂歌

神话般的龙门、后土祠，巧夺天工的秋风楼，令人捧腹的万荣笑话，成就了黄河的一曲颂歌：

丹崖翠壁河道窄，黄河到此怒咆哮。

大禹凿石放龙出，云卷雷奔浪涌潮。

鲤鱼飞跃试比高，汉武雄才也折腰。

继往开来绘宏图，龙门颂歌化捷报！

### 龙门

位于河津市西北 13 千米的黄河岸边，系黄河流经晋陕大峡谷后的出口，东西岩壁夹岸，中通河流，其形有如门阙，又因有鲤鱼"跃入其门化而为龙"的神话传说，故名龙门。据《水经注》载："龙门为禹所凿，广八十步，岩际镌迹，遗功尚存。"后人感念大禹的功德，称为禹门。因其地处古时秦晋交通渡口，遂称禹门口。龙门也是黄河沿线最著名的景观之一。明代理学大师、河津南薛里（今万荣平原村）人薛瑄所写《游龙门记》曾入选中学语文教材，作者另有《禹门八景》诗，其中《春鳞汲浪》曰："星河一泻势如

倾，春暖桃花浪几层。嘱咐鳣鱼休点额，峥嵘头角任飞腾。"《空
谷 河津龙门口惊雷》云："九折黄流风浪平，紫云芳草护长汀。
蛰龙不是蟠屋隐，端等春雷第一声。"

　　在龙门流传最广并深受人们喜爱的，当数"鲤鱼跳龙门"的传说。
据《三秦记》说："龙门之下，每岁季春有黄鲤鱼，自海及诸川争
来赴之。一岁中，登龙门者不过七十二。初登龙门，即有云雨随之，
天火自后烧其尾，乃化为龙矣！"后将科考得中进士者称"鱼跃龙
门"，落第者为"龙门点额"。唐代李白在《与韩荆州书》中云：
"一登龙门，则声誉十倍。"又有《赠崔侍卿》诗称："点额不成
龙，归来伴凡鱼。"科考试场的正门称"龙门"，即祝愿考生实现
"鱼化龙"的理想。"登龙门"后的庆贺宴，必不可少的一道菜是

河津龙门口

"烧鲤鱼"，称之为"烧尾"，贺其"化为龙矣"！龙门所在地的河津，有文清（薛瑄谥号）书院，题联也曰："汾水正消融，喜见鱼龙初变化；阳光欲露泄，欣看桃李尽峥嵘！"

龙门旧有极为壮观的庙宇建筑群，令人痛心的是在抗日战争期间被侵华日军炮火摧毁。新中国建立后，在废墟上修筑了拦洪坝和机灌站，使昔日贫瘠穷困的荒滩，变成了旱涝保收的米粮川。为方便秦晋两省交通，又先后修建了铁索桥、公路桥和铁路桥，三桥并列，横跨黄河之上，犹如长虹悬挂东西两山，行人车辆畅通无阻，河上帆影点点，渡船来往如梭，别是一番和谐兴旺的景象。不朽的龙门，真正应了旧时文人墨客留在碑刻上的两句话："劈凿遗痕今尚在，万年明德祀无穷。"新型的龙门，又让每一个龙的传人深知："分明圣迹昭千古，莫作寻常景物看。"它必将激励我们如中华的象征、民族的图腾——"龙"那样活跃于天地之间，腾飞于世界之林！

## 后土祠

又名后土庙，位于万荣县城西南 40 千米黄河东岸荣河镇庙前村，这里是历史上著名的"汾阴地"。土地崇拜是人类最古老的信仰之一，神话或史书中均有"皇天后土"之说。"皇天"指伏羲氏，是管天的昊天大帝；"后土"指女娲氏，为管地的后土圣母。考之周礼，"后土乃是昊天上帝之配也"，即天神伏羲与地神女娲为一对夫妻，正是他们司天控地，才创造了人类，于是尊后土圣母为厚德载物的初元始祖。据《蒲州府志》载："黄帝祀汾阴，扫地而祭。"

由此可知，五千年前的"人文始祖"轩辕黄帝是最早来此祭祀后土神灵的，开创了中华民族祭祀后土的先河，这里也成了祭祀文化的发祥祖地。

西汉文帝后元元年（前163）始建汾阴庙，汉武帝元狩二年（前121）正式立祠。元鼎四年（前113）武帝亲率众臣"东幸汾阴"，后又多次亲临祭拜，遂形成定制。之后的历代帝王也专程前来祭祀，并对后土祠作了多次修葺扩建。唐开元十年（722），玄宗第二次来时，

后土庙后戏台

在古汾阴处得一宝鼎，遂将汾阴县改成宝鼎县。北宋大中祥符四年
（1011），真宗亲率百官前来祭祀后土，见黄河之上荣光笼罩，又
将宝鼎县改作荣河县，还亲撰《汾阴二圣配飨之铭》碑文。当时经
过整修的后土祠，是现存建筑面积的25倍，规模宏丽，形同王室，
当时居海内祠庙之冠。

宋真宗之行既是古代帝王祭祀规模最大、规格最高的盛举，又
是历代帝王在汾阴祭祀后土的最后绝响。明、清时的皇帝先在京城
的天坛祭拜后土，之后专门以汾阴后土祠轩辕黄帝的"扫地坛"为
原型新建了地坛。汾阴后土祠则于清顺治十二年（1655）和康熙元
年（1662）两次被黄河水患所冲毁，同治九年（1870）知县戴汝真
移今址重建。现存有山门、献亭、配殿、正殿、钟楼、鼓楼、秋风
楼、呈"品"字形戏台三座等。雕刻富丽，琉璃鲜艳，布局亦尚完
整。每年农历三月十八和十月初五，这里都要举行大型的祭祀活动，
当地的百姓及周边陕西、河南的众多民众也都坐车乘船赶来，届时
人头攒动，摩肩接踵，场面壮观，香火旺盛。

## 秋风楼

位于后土祠的后部，结构精美古朴，形制壮丽劲秀，因存有汉
武帝《秋风辞》碑刻而名。元鼎四年（前113），汉武帝巡幸河东途中，
闻南征捷报而大喜，遂将途经之地改名"闻喜"，沿用至今。见秋
风乍起，鸿雁南飞，又触景生情，感慨万千，即席而作《秋风辞》：
"秋风起兮白云飞，草木黄落兮雁南归。兰有秀兮菊有芳，怀佳人

兮不能忘。泛楼船兮济汾河，横中流兮扬素波。箫鼓鸣兮发棹歌，
欢乐极兮哀情多，少壮几时兮奈老何！"一曲帝王歌，千古秋风辞。
汉武帝借写秋日之风景，忧贤才之难得，感岁月之流逝，叹人生之
易老，既缠绵流丽，又慷慨激昂，被后人传唱并镌刻珍藏于秋风楼中。
秋风楼原建于汾阴上，后因黄河水患数次迁址。现今所见是清同治
年间的建筑，结构形制尚有明代的特点。楼为砖木结构，高30余米，
下部筑以宽大的台基，南北穿通，周围砖砌花栏，东西辟门，门上

秋风楼

砖雕横匾一方，东曰"瞻鲁"，西曰"望秦"。楼身3层，面阔5间，四周围廊，十字歇山式楼顶。一、二层四面各凸出龟须座一间，上筑瓦顶，山花向外，巧妙而精致；二、三层廊下置斗拱或平座，凭栏远眺，汾河与黄河交汇，尽收眼底。诚如匾额"大河前横"所写。

《秋风辞》碑刻

楼上三层存有两块《秋风辞》刻石，一块是元至元八年（1271）的行草阴刻，字体苍劲挺拔；另一块是清同治十三年（1874）的篆体阴刻，刀法熨帖细腻。

秋风楼傲然耸立，《秋风辞》余音不绝。金代文学家段成己有《汾水秋风》诗曰："一曲刘郎发棹歌，欢声未已奈悲何。只今回首空陈迹，依旧秋风卷素波！"明代吏部尚书乔宇诗《秋风亭下泛舟》也云："山分秦晋群峰断，水入河汾两派通。少壮几时还老大，不须回首叹秋风！"皆承《秋风辞》之余韵，抒后来者之情怀。令人欣喜的是，"萧瑟秋风今又是，换了人间"，"一年一度秋风劲，不似春光，胜似春光"。如今的秋风楼，拥有的不再是单一的历史记忆，而是绵延不绝的勃勃生机；新吟的《秋风辞》，已然与不分昼夜的黄河涛声唱和，化作了伟大民族奋然崛起的辉煌乐章！

### 万荣笑话

万荣县位于山西省西南部黄河与汾河交汇处，是中华民族的发祥地之一。战国舌辩家张仪、隋末教育家王通、明代理学家薛瑄等著名人物，都出生在这里。正是凭借这悠久的历史积淀、广博的人文孕育，才使得万荣县有了深厚的文化底蕴，也使得万荣人有了特殊的民风个性，更使得万荣笑话有了生长壮大的肥沃土壤。万荣笑话是由万荣及河东地区群众的口头创作的，属地地道道的土生土长的土特产，现已被列入国家级非物质文化遗产名录，成了万荣县最为典型、最具特色的文化品牌。万荣笑话的最大特点是一个"膥"（读"挣"）字。有位研究万荣笑话的学者这样释解"膥"字之义：爱琢磨，好较真，认死理，有韧劲，犟到底等。由这些特有元素构成的万荣笑话，集中体现了万荣人倔强执拗、聪明诙谐、争强好胜等性格特点。

2008年10月11日，我国首家以"笑文化"为载体的万荣笑话博览园正式开放。"欢乐《秋风辞》碑刻广场"是博览园的"预笑区"，由多种笑元素组成。"笑话王国"是博览园的核心区，有"开心园"、"智慧园"、"笑话村"、"哈哈屋"、"笑话迷宫"等，游人可以在这里完整地了解万荣笑话的历史渊源及发展演变，亲身感受万荣笑话的乡土气息与特殊魅力。"笑话产业园"是博览园的开发区，可给游人提供与万荣笑话相关的系列产品。总之，万荣笑话博览园是一个靠"笑"出奇，以"笑"制胜，真正用"笑文化"作为特色的参与型、娱乐型、休闲型、体验型的主题文化旅游胜地，已成为具有地方性、民族性、园艺性、独特性的"笑文化基地"，对推动万荣"中华笑城"品牌的创建有极好的作用。2010年9月9日，10集系列电视剧《中国万荣笑话》正式发行。

# 第六乐章　普救情歌

人文厚重的鹳雀楼、普救寺，威武雄壮的黄河铁牛，谱写了一曲黄河韵味的情歌：

唐诗名篇鹳雀楼，元曲杰作《西厢记》。

蒲州铁牛艺精湛，莺塔回声堪称奇。

梨花院深游客醉，隔墙花影玉人喜。

古寺风韵唱不尽，普救情歌甜如蜜！

## 鹳雀楼

位于永济市西南 15 千米古蒲州城西的黄河东岸，因时有鹳雀鸟在上栖息而得名，历史上与湖北黄鹤楼、湖南岳阳楼、江西滕王阁并称中国古代四大名楼。始建于北周年间，是将军宇文护镇守蒲州时修筑的戍楼。吟咏鹳雀楼的好诗甚多，尤以唐代山西籍诗人王之涣的五绝独步千古："白日依山尽，黄河入海流。欲穷千里目，更上一层楼！"诗由楼生，楼借诗名。诗楼并起，同辉相映。鹳雀楼也由此而声名鹊起，闻名遐迩，成了历代诗人游客心驰神往的理想胜地，也成了中华民族优秀传统文化的杰出象征。令人遗憾和慨叹的是，鹳雀楼历经 700 年风雨后，于元代初年因兵燹战火而遭焚毁，明代又遇黄河泛滥而难觅故址。数百年来，无数慕名瞻仰者，到此只能望河兴叹，曾有这样的感叹："河徙听水远，沙掩迷旧踪。

名诗存雅韵，古迹化烟云。怅然还复顾，千里目难穷。层楼更上日，鹳雀伴我吟！"改革开放以来，重修鹳雀楼已不光是百姓的心愿、游人的期盼，也是社会的需求、时代的呼唤！1997年12月，鹳雀楼的新建工程正式启动，于2002年10月竣工，向世人开放。

新修复的鹳雀楼，既有我国北方建筑古朴劲健的气韵，又有黄河文化宏伟豪迈的雄姿。主楼为仿唐式高台楼阁，巍峨耸立于一座

高达 10 余米的台座之上，总高 73.9 米，建筑面积 8222 平方米，楼院占地面积 108 亩。此外还有鹳影湖、鹳雀苑、唐韵广场、黄河文化风情馆、唐代马球娱乐场等诸多景观与设施，总共占地 1500 亩，蔚为大观，可称盛世之象！鹳雀楼是展示黄河文化和提升意境的主体，内分六层游览，每层的主题依次是："千古绝唱"、"源远流长"、"亘古文明"、"黄土风韵"、"旷世盛举"、"极目千里"。

鹳雀楼

采用历史文化与现代科技相结合的表现手法，使其成为生动展示"黄河之魂"厚重文化的艺术殿堂。鹳雀楼有新撰写的一联曰："何必再题诗，有名句千秋，举酒自应多感慨；已然皆放眼，看黄河万里，登楼犹可拓襟怀！"的确，鹳雀楼蕴含的虽是深沉的古韵，焕发的却是蓬勃的生机。"欲穷千里目，更上一层楼"，短短的十个字，浓浓的千古情。鹳雀楼就是充满哲理的名片和极具特质的品牌，对激励和鼓舞振兴中华的豪情壮志，必将产生深远的影响。

## 普救寺

位于永济市西北 13 千米蒲州镇西厢村附近的峨嵋源，是极富传奇色彩的名胜古迹。"普救"一词来源于佛教经典，是广施法力以救众生的意思。据《续高僧传》载，此寺隋朝初年已有，原名西永清院，是佛教的十方禅院。相传五代时河东节度使李守中作乱，后汉刘知远派郭威前去讨伐，围蒲州年余而不克。郭威召寺僧问策，僧曰："将军发善心，城即克矣！"郭威解其意，当即折箭为誓。翌日城果破，满城百姓得救，从此更名普救寺。古刹普救寺历经沧桑，屡建屡废，或损于地震，或毁于火灾。到 20 世纪 80 年代初修复时，仅存基址、石坊、菩萨洞、舍利塔等，多为明清遗物，唯有一尊观音塑像有宋元风韵。

普救寺相传是唐代元稹小说《莺莺传》故事的发生地，金人董解元据此编有《西厢记诸宫调》，元王实甫又将其改为戏曲《西厢记》，成为中国乃至世界戏曲史上的传世名篇。依此，普救寺在修复时，分三条轴线布局，移山就势，逐级升高，除还原寺庙的景观外，还再现了《西厢记》的情景，有唐贞元年间书生张珙（字君瑞）赴京赶考时在此借宿的"西轩"，以及他"白马解围"后移居的"书斋院"，还有老夫人与崔莺莺居住的"梨花深院"。《西厢记》中的"惊艳"、"宴请"、"赖婚"、"逾垣"、"拷红"等情节，就都发生在"梨花深院"。普救寺也因《西厢记》而闻名遐迩，被誉为"爱情圣地"。

普救寺

"待月西厢下，迎风户半开。隔墙花影动，疑是玉人来。"张生与莺莺最终冲被封建礼教束缚而美满结合，使《西厢记》中"愿普天下有情人都成眷属"的名句也深入人心。著名社会活动家赵朴初先生在题"普救寺"之名的同时，又特意撰书一联曰："普愿天下有情，都成菩提眷属。"寺内舍利塔也因此改称莺莺塔。该塔平面方形13层，高约50米，不仅形态古朴，秀美壮观，还以结构奇特、能产生回音而著称于世，为我国古代四大回音建筑之一。游人在塔侧附近以石相击，塔上会发出类似蛙鸣的回音。有诗云："张生莺莺如愿偿，喜结良缘赖红娘。佳话风流流到今，普救蟾声颂西厢！"

## 黄河铁牛

1989年8月，文物工作者在对永济市西南13千米处古蒲津渡遗址实地考察时，出土了4尊气势非凡的铁牛及铁人。蒲津渡是古代秦晋交通的要冲。据载，公元前541年，秦景公之弟后子缄即在此以"造舟于河"的方法架起一座浮桥，这也是我国历史上第一座跨越黄河的舟浮桥，较之西方波斯国王大流士所建浮桥还要早48年。因当时浮桥用的是"竹缆牵舟"法，故"绠断航破，无岁不有"，于是改弦更张，以铁代竹。《新唐书·地理志》载："开元十三年（725）铸八牛，牛有一人策之。牛下有山，皆铁也。夹岸以维浮梁。"形成"八牛镇一桥，一桥锁三城"的壮美景观。唐李商隐《游蒲津桥》诗云："左右名山穷远目，东西大道锁轻舟。独留巧思传千古，长与蒲津作胜游。"蒲津浮桥因改用"铁牛地锚"技术而发生了质

黄河铁牛

的变化，虽说也时有损坏，但经维修保养即可使用，一直沿用到明代黄河改道。"黄河铁牛"也被桥梁专家唐寰澄先生赞作"世界桥梁史上唯我独尊的永世无价之宝"。

浮桥地锚之所以选用"牛"的造型，皆因"牛"是吃苦耐劳、力大无穷的化身，是任劳任怨、甘于奉献的象征，充分体现了中华民族开天辟地、坚忍不拔、奋力拼搏、锐意奋进的伟大气概和顽强精神。铁牛和铁人虽然在地下埋了数百年，但出土后依然乌黑发亮，被颂之为：其肤泽晶莹，若灿金英，灿烂初阳之照耀，荡乎银烛之光明。4 尊铁牛皆为伏卧状，高 1.5 米，长 3.3 米，各铸于长 3.5 米、宽 2.3 米的长方形铁板上，均体阔腰圆，双目圆睁，翘角昂首，威武雄猛。轻者 50 吨，重者 70 吨。铁牛尾巴后铸有横铁轴一根，用于拴连桥索。每尊铁牛旁边又有 1 尊铁人，均作牵牛状，衣着打扮有所不同，分别代表回、藏、蒙、汉民族。游览观赏这些珍贵的出土文物，好似看到铁牛耕耘着岁月的土壤，铁人展开了历史的画卷，我们真切地感受到了盛唐时期中国科技之发达、国力之强盛；同时也生动地接受了一次祖国统一、民族团结的传统教育。因为饱经沧桑变幻的铁牛和铁人，就是最具说服力、最有震撼力的铁证！

## 第七乐章　永乐长歌

古朴的永乐宫，神奇的风陵渡、大禹渡，古色古香的黄河风俗，咏叹着黄河长歌：

风陵禹渡思古贤，丰碑励志意风发。

宫观犹在存瑰宝，壁上画作称奇葩。

更有背冰敢亮膘，古朴民俗实潇洒。

黄河到此也动情，永乐长歌满中华！

## 永乐宫

宫址原在芮城西 20 千米的永乐镇，故习惯叫做"永乐宫"，实际的原名则为"大纯阳万寿宫"。据《道藏》中有关典籍和宫内碑文记载，这里是道教"八仙"之一吕洞宾的诞生地。吕洞宾，名岩，唐贞元年间河东府永乐人。咸通年间 60 余岁始进士及第，后受钟离权度化而修行，改名洞宾，号纯阳子。得道成仙后，云游四方，为百姓治病，不取分文。仙逝后，乡人在其故居建"吕公祠"，宋

芮城永乐宫

朝改称"吕公观"。南宋陆游有"天下家家画吕公，衣冠颜面了无同"的诗句，正反映了吕洞宾在民间的声望与影响。金代尊吕洞宾为全真派祖师，元代丘处机自称吕氏弟子，大兴土木，改观为宫，历时110多年方才竣工。1958年因建三门峡水库，永乐宫被整体搬迁至芮城县城北3千米的古魏镇龙泉村东。

　　永乐宫布局疏朗，结构严谨，用材考究，规模宏伟，殿阁巍峨，气势壮观。主体建筑有5座，即宫门、龙虎殿、三清殿、纯阳殿、重阳殿，依次垂直排列于中轴线上，除宫门为清代新增外，其余皆

永乐宫壁画《朝元图》（局部）

永乐宫壁画（局部）

为元代建筑。原来的大门龙虎殿，现今成了第二重门庑。三清殿最大，位置靠前，和一般寺庙主殿在后截然不同，而与皇宫设置近似。因殿内奉玉清元始天尊、上清灵宝天尊、太清道德天尊而名"三清"。道教以"三清"为"无极至上"，故也称无极殿。纯阳殿是供奉吕洞宾的专殿，"大纯阳万寿宫"的原宫名与此殿名，皆因吕洞宾号"纯阳子"的缘故，亦称吕祖殿。重阳殿则供奉宋、金时全真派首领王重阳及其弟子马钰、郝大通、孙不二、丘处机、谭处端、刘处玄、王处一"七真人"，又称袭明殿、七真殿。

永乐宫的四座殿宇均不设窗户，除隔扇门外，余皆墙壁，为大面积绘制壁画创造了极其有利的条件。4座殿宇内共有960平方米的巨幅珍贵壁画，尤其三清殿的《朝元图》令人叫绝，是我国现存画技最高、画幅巨大、保存最为完整的古代绘画精品，堪称国宝并享誉世界。《朝元图》为元泰定二年（1325）河南洛阳马君祥等人所绘，即诸神朝拜元始天尊图，所绘人物近300人，主像3米以上，侍者2米余，前后排列四五层多，场面开阔，主次分明，线条流畅，神态逼真，栩栩如生。永乐宫南望滚滚黄河，北仰巍巍中条，可谓山清水秀，风光明丽，又与背后的唐建广仁王庙和前面的五龙庙，构成两个"国家级文物保护单位"加一个"省级文物保护单位"的群体名胜组合。旅游者至此，欣赏唐风元韵，定觉意味隽永，乐道不虚此行！

### 风陵渡

位于山西省的最南端，距芮城县城西南30千米。黄河之水由北而南奔流不息，到此后骤然掉头东去，在即将流出山西时，对三晋热土表示深情的留恋，然后与渭水相合。北魏郦道元《水经注》记："潼关直北隔河，有层阜巍然独秀，孤峙河阳，世谓之风陵渡。"附近相传是黄帝的贤相风后发明指南针和战胜蚩尤的地方，风后去世，黄帝将他葬此，谓之"风陵"。风陵渡之名由此而来。风陵渡自古便是晋、陕、豫三省的咽喉要冲，素有"鸡鸣一声听三省"之称，为山西省西南的重要门户。

风陵渡向来为兵家必争之地。战国时，秦、魏曾在此交战；汉末曹操征讨韩遂、马超，这里也是主要战场；西魏的宇文泰大败高欢也在风陵渡。风陵渡也因其位置的重要和条件的优越，早在唐圣历元年（698）于此正式置关，初称风陵津。"津"即渡口。故后改称风陵渡。金赵子贞《题风陵渡》诗："一水分南北，中源气自全。云山连晋壤，烟树入秦川。落日黄尘起，晴沙白鸟眠。挽输今正急，忙杀渡头船。"从明代开始，又在此设巡检司和船政司，专门负责管理防守和运输事宜。

凤凰嘴是渡口的最高点，这里建有引黄高灌站，听从调遣的黄河水，自会欢快地流向万顷良田，唱响《丰收之歌》。在凤凰嘴向南远眺，潼关、太华、崤函历历在目，隔河人欢车鸣，声声入耳。俯视大河，汹涌澎湃，气象万千。如今一座钢铁大桥沟通了秦晋，同蒲铁路由此过黄河与陇海线接轨，"天堑变通途"成为现实。这里堪称铁路、公路、水路——路路畅通；山景、河景、古景——景景迷人。随着经济的腾飞，凤凰也展开她美丽的翅膀，尽情地翱翔，兴奋地欢唱！

### 大禹渡

位于芮城县东南5千米的黄河北岸。相传大禹开凿龙门后，沿着黄河向南走来，一路踏勘地形，观察水势，到了这里时感觉有些

大禹渡

疲累，又见景致甚美，便靠着一棵古柏稍作休憩。后人将古柏称为
"神柏"，此间山谷便叫做"神柏峪"。大禹渡河留宿之地，取名
为"禹店村"。此间的渡口自然被冠以"大禹渡"之名。黄河古今
流，天地永不朽。今天，这些树木、峡谷、村庄、渡口，早已成了

珍存古老传说的活的化石，也都成了追念大禹功绩的永恒记忆，更是成了体会"黄河之魂"的绝好胜地。

大禹靠过的那棵古柏，至今根深叶茂，挺拔独秀，合围3.83米，冠若伞盖，覆地半亩有余。"神柏"之外，又被誉为"树王"的称号。"神柏峪"山谷的摩崖石壁上，镌刻着"舟于此，出水得"6个苍劲有力的大字。于是，"神柏"便像一位精神矍铄的历史老人，正指着这摩崖石刻，给人们讲述大禹治水的《三字经》。"神柏"下新建有碑廊，古老的碑碣有如沉甸甸的历史画册，让人们仔细览读与思索。翘首远望，两岸村庄旧貌换新颜，渡口风光更秀美，黄河铺开锦绣，游船往来如梭，编织着富有诗情画意的美好生活。

渡口望岳亭东的平台上，耸立着古朴坚毅的大禹雕像。这是由中条山青石叠砌雕凿而成的英雄之像，也是炎黄子孙用思念与敬仰塑造的奉祀之像。大禹头戴斗笠，身披缁衣，右手紧握治水工具，左臂平展指向远处，那炯炯有神的双眼，凝神专注地望着脚下的黄河，似乎还在想着如何完成历史交给的使命。渡口真是一张大口，它不停地讲述着黄河故事，描绘着黄河变迁；塑像则是一座丰碑，它永恒地铭刻着黄河之情，激扬着黄河之魂。大禹的精神如同黄河水一般，将在世世代代炎黄子孙的血管中流淌奔涌。

1970年，当代大禹在这里修建了大型排灌站，可引黄河水灌溉万顷良田，实属功在当代、利在千秋的壮举。如今的大禹渡，已建成了以大禹精神为核心、水利工程为亮点、气垫船黄河游为特色的极具影响力的黄河旅游景区。游人到此，除拜谒大禹、观览胜景外，还可乘船沿途欣赏永乐宫的珍贵壁画，惊叹三门峡的砥柱中流，感慨函谷关的古道沧桑……黄河两岸的自然风光、名胜风韵、民俗风情，已然饶有风趣；如果再尝尝此间特有的黄河鲤鱼宴，更是别有风味！

## 匼河风俗

匼河村位于芮城县城西北边的黄河东岸，这里曾出土了 60 万年前诸多石器以及脊椎动物的化石，按其特点命名为"匼河文化"。现今，在古老的"匼河遗址"上，同样古老的"匼河风俗"，依然古色古香，更显老当益壮。最令人瞩目的就是农历二月二"龙头节"的"三社典"古会。相传此会始于东汉，当地百姓为感谢东岳大帝黄飞虎的恩德，特意联合"三社"举办盛大的庆贺祀典活动，故名"三社典"，世代相传，沿袭至今。

古会当天，男女老幼装扮成传说中或历史上的人物，兴高采烈地参加列队游行。年长者带领龙凤方旗阵走在最前，随后的东岳大帝仪仗队中，有男童前引的小伞和背花方队，小伞与背花上缀满了饰物，象征着金银珠宝、翡翠玛瑙等，俗称"亮宝"，以示虔诚，祈求上天消灾赐福。列队游行俨如圣驾出京，井然有序，浩荡威风。在热情欢快的锣鼓声和群情激昂的欢呼声中，数十名精壮后生分为几班，轮流抬护着东岳大帝黄飞虎的塑像，直到将其送入庙内大殿归座。

古会中还有一项更为特殊的活动，那就是"背冰亮膘"。表演时，一队身强力壮的男子，腰系野藤，身穿短裤，上体赤裸，背负冰凌，手执铡刀，在"背花撒锣"的不住敲击声中，冒着春寒，走街串巷，赤足前行，尽显勇猛刚毅的大无畏气概。相传这项活动源于战国时河人以冰灭火、用刀破阵的感人故事，后一并融入"三社典"古会。"背冰亮膘"充分说明了，河人的祖先在繁衍生息的过程中，除了与大自然的凛冽严寒进行较量外，还要同黄河水的变幻莫测进行抗争，久而久之，形成了匼河人坚韧不拔的精神，造就了匼河人强悍豪放的性格。每年"三社典"古会时，天气乍暖还寒，"背冰亮膘"正是匼河人用以展示顽强个性和独特魅力的最好形式。

20 世纪中期，"背冰亮膘"已演变成了一种民间竞技比赛，参赛者身负规定重量的冰块，争先恐后地绕村一周，以归来的顺序排定名次，被人们誉作"黄河岸上的狂欢节"。"匼河风俗"是"匼河遗址"上的原生态文化，"背冰亮膘"所"背"的是其蕴涵的黄河文化的特有风韵，"亮"的是闪耀着民俗风情的耀眼光芒。

## 第八乐章　浪底欢歌

号称"三晋屏藩"的茅津渡，人类早期穴居演变来的地窨院，"高峡出平湖"的小浪底水库，飞扬着黄河的欢歌：

焕发青春古渡口，朝气蓬勃铁码头。地窨院里度春秋，农家甘泉胜美酒。黄河出晋入豫去，放慢脚步频回首。告知水库新建成，浪底欢歌信天游！

## 茅津渡

位于平陆县城南约 4 千米处黄河北岸，与河南三门峡市隔河相望，是运（城）茅（津）公路、太（原）茅（津）公路的终点。茅津渡同风陵渡、大禹渡并称黄河三大古渡，有"铁码头"之誉。历史上曾名陕津渡、茅城渡、会兴渡等。北魏郦道元《水经注》云："陕城北对茅城，故名茅亭，津亦取名。"据《平陆县志》载："茅津地当水陆要冲，晋豫两省通衢，冠盖之络绎，商旅之辐辏，三晋运盐之孔道。"历来是三晋出入河南及南方诸省的门户，又是"三晋屏藩"之地，自古为兵家必争之地。晋献公假道于虞伐虢、秦穆公伐郑、韩信虏获魏王豹等，皆由此渡河。1948 年刘（伯承）邓（小平）大军的陈赓太岳兵团，也是从茅津渡强渡黄河挥师南下的。当地船工在缺少船只的情况下，冒着对岸敌人的枪林弹雨，创造了用油包把大军渡过黄河的奇迹，为中国人民的解放事业写下了光辉的篇章。

茅津渡设渡时间最早可推到商代，历史上一直是晋南地区货物转运的重要枢纽，运城的盐、平陆的煤，以及晋南各地的粮、棉等，大多都要经茅津渡运出，然后再走陆路转运中原各地。1993 年 12 月，三门峡黄河公路大桥建成后，极大地减轻了茅津渡的运输压力，渡口便以新的姿态规划别开生面的未来。宋代魏野《茅津渡》诗："数点归鸦啼远树，人行欲尽朝阳路。暮霭还生竹坞村，春风乍起茅津渡。"平陆的古八景之一即"茅津晚渡"。现今"旧貌换新颜"，

黄河古渡口

比例尺:1:2 700 000

图例
重要古渡口

这里成了"黄河一日游"的著名风景区，游人可乘渡轮或游艇，将茅津渡、风陵渡、大禹渡这三大古渡尽兴游遍，还可抵达"一坝锁三门，高峡出平湖"的三门峡风景区，于欢波激浪、水天一色中感悟黄河文化的神奇奥妙。如今，"茅津经济开发区"正在加紧兴建，待竣工之后，将会使古老的渡口更加焕发青春，发挥新的更加重要的作用。

### 地窨院

　　地窨院是黄土高原个别地区特别是山西平陆县一带特有的民居形式，是人类早期"穴居"发展演变的实物遗存，居今已有4000

远望地窨院

地窨院

余年的历史。其建筑方法是：先选择一块平坦的地方，挖出一个天井式的深坑，形成宽敞的露天场院，然后在其四壁打几眼窑洞，可依不同的用途分作居住窑、储物窑、牲畜窑、茅厕窑及门洞窑，地窨院一般掘有深窖，用石灰泥抹壁，用来积蓄雨水，沉淀后可供人畜使用。为了排水，又在院的一角挖个大坑，使院内积水近观地窨院流入其中，再慢慢渗入地下。多数人家会在门洞下铺设排水管道，以防急速的降雨将窑洞浸泡。为方便出院，又有斜坡式通道。供人居住的窑内，凿洞直通上面作为烟囱。顶上的打谷场也凿洞与对应的储粮窑相通，碾打晒干的粮食就可由此进入粮仓，既省劳力，又省时间。平时则以石板封盖。有的人家还会选择院中一角，安装用于搬运物品的简单升降设施。

由地窨院组成的村落，人们通常在百米之外都不易发现，只有走到临近处，才会识得地窨真面目。故有民谣称："见树不见村，见村不见房，窑洞土中生，院落地下藏。"又说："平地起炊烟，忽闻鸡犬声，绿树簇拥处，农家乐融融。"地窨院具有节省建材、冬暖夏凉、环保舒适、利于健康等特点。居住地窨院的人们，在生产生活、衣食起居方面，至今依然严格地遵循着传统的礼仪规范。地窨院及其相关的民俗风情，对了解中国悠久的农耕文化和黄河文化，都可提供直观的实物形态和生动资料，具有特殊的意义和重要的价值。令人遗憾的是，现今的年轻人纷纷搬进了新盖的砖瓦房或楼房，只有为数不多的老年人还坚守在地窨院中。真切地期望地窨院不仅不要消失，还应当更好地维护和使用，同时服务于日益兴起的旅游事业。这样才能对得起列祖列宗，才能让慕名而来的游人感到新奇与满意，对黄河文化有进一步的了解。

## 小浪底库区

小浪底水利枢纽是治理开发黄河的关键性工程，属国家"八五"重点项目，位于河南洛阳以北 40 千米的黄河干流上，是三门峡以下唯一能够取得较大库容的控制性工程，于 1997 年截流，2001 年竣工。小浪底水库位于穿越中条山、王屋山的晋豫黄河峡谷中，全长 130 千米，总面积 278 平方千米。库区内的诸多风景点与雄伟的水库大坝交相辉映，形成"高峡出平湖"、千岛如星布的壮美景观。游览小浪底风景区，从山西或河南皆可进入。山西境内就涉及垣曲、夏县、平陆 3 地，不过垣曲正位于水库回水区中段，水域面积占库区总面积的 60%。所以从垣曲县古城镇乘船进入库区，实为不错的选择。

垣曲县历史悠久，相传是商汤建都的地方。战国时称"垣"，意为弯曲。宋代称"垣曲"，以境内山垣环抱、地处黄河九曲之一而定名至今。垣曲县是小浪底库区移民的重点县，古城镇即移民后新建。由此顺水而下 60 千米，经黄河三峡可达世纪工程小浪底大坝，溯水而上 60 千米又可抵三门峡大坝。库区内有众多的半岛、孤岛、险峰、岩洞，近处是蜿蜒曲折的河湾，远方为烟波浩渺的湖面。从码头登船，击水搏浪，放眼观赏大自然的风光，尽情领略母亲河的风采，垣曲古八景中的"黛眉晴岚"、"阳壶夕照"、"葛伯春耕"、"洪庆晚钟"尽集于此，交相辉映，美不胜收。

库区内最吸引人的精华所在，当数黄河三峡景区。既具有南国山水的柔媚与婉约，又不失北方山水的雄奇与刚健。其中孤山峡鬼斧神工，群峰竞秀；龙凤峡九曲十折，峡深谷幽；八里峡峭壁如削，雄伟险峻。"乘舟湖上行，人在画中游。"此间有"玄天洞"、"夫子崖"、"老君龛"、"鲧山禹斧"、"犀牛望月"、"京娘化凤"、"回嵝活地"等 80 多处景点，各有千秋，和谐交融，构成了一幅集田园风情的古朴典雅与现代时尚的雄浑壮美于一体的灵动画卷，完全可以和享誉世界的长江三峡相媲美。古老的垣曲，为留恋山西的黄河奏出醉人的圆舞曲；新兴的垣曲，又为告别山西的黄河奏出动人的进行曲！

# 编 后 语
BIANHOUYU

　　《山西八大文化品牌》一书是山西人民出版社 2011 年出版的一部关于山西文化品牌建设的研究性著述，具有很高的学术文化价值。该书出版后，深受各界好评。现在，应广大读者的要求，我们将山西八大文化品牌分册出版，以便阅读使用。

　　这套丛书是一项集体成果，为了较全面、准确地勾勒出八大文化品牌的内涵和外延，各分册均牢牢把握住"品牌定位"、"品牌内涵"、"品牌亮点"等三个基本内容进行探讨和论述，力求使全套书成为一个有机的整体。

　　在编著这套丛书的过程中，我们得到了山西省委宣传部和山西人民出版社的指导和支持。山西省委常委、省委宣传部部长胡苏平非常重视丛书的编写，提出明确的要求，并为丛书作序；山西省作家协会党组书记、主席（时任山西省委宣传部副部长）杜学文对丛书提出具体的指导意见，并进行了审定；省委宣传部副部长刘英魁对丛书出版给予了大力指导和支持；省委宣传部计协秘书处处长武献民在探讨各分册理论问题方面倾注了心血，审阅了全部书稿。对此，我们表示诚挚的感谢！

　　为编写这套丛书，我们邀集了一些领导和专家多次研讨，集思

广益，力求不负众望，写出水平。但是，由于八大文化品牌此前的
理论基础薄弱，写作多为原创，难度很大，虽经大家相互切磋，苦
心研究，丛书仍然会存在遗漏、浅薄甚至谬误之处。我们希望丛书
能够得到领导、专家以及读者的批评和指正，使山西八大文化品牌
的理论研讨向纵深发展，并在实践活动中取得良好的社会效益和经
济效益。

图书在版编目（CIP）数据

黄河之魂／梁申威著. —太原：山西人民出版社，
2016.1
（山西八大文化品牌丛书）
ISBN 978 - 7 - 203 - 09349 - 7

Ⅰ.①黄… Ⅱ.①梁… Ⅲ.①黄河流域—文化史—研
究—山西省 Ⅳ.①K292

中国版本图书馆 CIP 数据核字（2015）第 263882 号

**黄河之魂**

| | |
|---|---|
| 著　　者：梁申威 | |
| 责任编辑：魏　红 | |
| 装帧设计：谢　成 | |

出　版　者：山西出版传媒集团·山西人民出版社
地　　　址：太原市建设南路 21 号
邮　　　编：030012
发行营销：0351 - 4922220　4955996　4956039　4922127（传真）
天猫官网：http：//sxrmcbs.tmall.com　电话：0351 - 4922159
E — mail：sxskcb@163.com　发行部
　　　　　sxskcb@126.com　总编室
网　　　址：www.sxskcb.com

经　销　者：山西出版传媒集团·山西人民出版社
承　印　者：山西出版传媒集团·山西新华印业有限公司

开　　　本：787mm×1092mm　　1/16
印　　　张：8
字　　　数：84 千字
印　　　数：1 - 2 000 册
版　　　次：2016 年 1 月　第 1 版
印　　　次：2016 年 1 月　第 1 次印刷
书　　　号：ISBN 978 - 7 - 203 - 09349 - 7
定　　　价：45.00 元

如有印装质量问题请与本社联系调换